Silke Birgitta Gahleitner

Das pädagogisch-therapeutische Milieu in der Arbeit mit Kindern und Jugendlichen

Trauma- und Beziehungsarbeit in stationären Einrichtungen

Mit einem Beitrag zur sequentiellen Traumatisierung von Dorothea Zimmermann

Psychiatrie Verlag

Silke Birgitta Gahleitner ist Psychotherapeutin und Professorin für Klinische Psychologie und Sozialarbeit an der Alice Salomon-Hochschule Berlin. Sie war mehrere Jahre als Sozialarbeiterin und Psychotherapeutin in der therapeutischen Wohngemeinschaft Myrrha sowie in eigener Praxis tätig. Dort hat sie insbesondere mit traumatisierten Mädchen gearbeitet. Als Sachverständige für den »Runden Tisch Heimerziehung« sind ihr außerdem die Erfahrungen von Heimkindern in den 50er- und 60er-Jahren vertraut.
Für dieses Buch hat sie Betreuungsprozesse in stationären Einrichtungen der Jugendhilfe aus der Sicht ehemaliger Klientinnen und Klienten und deren damaligen Bezugsbetreuern und -betreuerinnen analysiert.

Silke Birgitta Gahleitner

Das pädagogisch-therapeutische Milieu in der Arbeit mit Kindern und Jugendlichen

Trauma- und Beziehungsarbeit in stationären Einrichtungen

Mit einem Beitrag zur sequentiellen Traumatisierung von Dorothea Zimmermann

Psychiatrie Verlag

Silke Birgitta Gahleitner
Das pädagogisch-therapeutische Milieu in der Arbeit mit Kindern und Jugendlichen
Trauma- und Beziehungsarbeit in stationären Einrichtungen

3. aktualisierte Auflage 2021
ISBN-Print: 978-3-96605-104-0
ISBN-PDF: 978-3-96605-116-3

Bibliografische Information der Deutschen Nationalbibliothek
Die Deutsche Nationalbibliothek verzeichnet diese Publikation
in der Deutschen Nationalbibliografie;
detaillierte bibliografische Daten sind im Internet über
http://dnb.d-nb.de abrufbar.

Psychiatrie Verlag im Internet: www.psychiatrie-verlag.de

Wissenschaftliche Redaktion und Lektorat: Ilona Oestreich
Umschlaggestaltung: GRAFIKSCHMITZ, Köln, unter Verwendung eines Fotos
von Ute Hüper, Köln
Typografiekonzeption: Iga Bielejec, Nierstein
Satz: Psychiatrie Verlag, Köln
Druck und Bindung: medienHaus Plump GmbH, Rheinbreitbach

Danksagung

Dieses Buch wäre nicht möglich gewesen ohne den Mut und die Offenheit der Mädchen und Jungen, die in meiner langjährigen Praxis und über Forschungszusammenhänge ihre z. T. schmerzhaften Erfahrungen mit mir geteilt haben und sie einer breiteren Öffentlichkeit zur Verfügung stellen. Ihnen ist dieses Buch gewidmet.

Karin Koch vom Psychiatrie Verlag hat die Idee zum Buch engagiert aufgenommen und – auch die zweite überarbeitete Auflage – tatkräftig unterstützt. Der Dank dafür geht an sie und den gesamten Verlag mit einer hervorstechend partizipativen Struktur, ein heute selten gewordenes Kennzeichen. Ohne die inhaltliche, formale und ideelle Unterstützung von Ilona Oestreich wiederum wäre das Manuskript niemals in Form gekommen. Ihr verdanke ich eine stetige Begleitung im Schreibprozess, die ich nicht mehr missen wollen würde.

In meiner Lehr- und Forschungstätigkeit an der Alice Salomon Hochschule verdanke ich meinen Studierenden die stete Herausforderung durch kritische Fragen und produktive Inputs über interessante Abschlussarbeiten. Insbesondere Anne Weißleder, Ute Koop und Petra Falk sind hier in besonderer Weise für die 1. Auflage hervorzuheben. Ihnen verdanke ich wichtige Impulse für dieses Buch und eine kritische Begleitung über den Schreibprozess hinweg. Miriam Weber hat mich bei der zweite Auflage konstruktiv-kritisch begleitet.

Nicht nur zum Ende des Schreibprozesses hin, sondern bereits über den Verlauf hinweg und auch noch nach Druck das Buches haben mich zahlreiche Kolleginnen und Kollegen unterstützt, die Idee mit mir vorangetrieben und ganz konkret zum Manuskript Stellung genommen. Ich danke hier insbesondere Maria Krautkrämer-Oberhof, Wilma Weiß und Claus-Peter Rosemeier.

An alle hilfreichen Hände nochmals ein herzliches Dankeschön.

Auch wenn es nicht recht in eine Danksagung passt, sei mir noch eine kurze Bemerkung gestattet. Trotz vieler Versuche gibt es derzeit keine sprachlich überzeugende geschlechtergerechte Lösung, die vom Verlag akzeptiert wird. Das von mir bevorzugte »Binnen-I« konnte daher leider nicht umgesetzt werden. Wo immer im folgenden Text über »Einseitigkeit« Unbehagen aufkommen mag, die Absicht, auch das jeweils andere Geschlecht mit einzubeziehen, stand stets dahinter. Diese Bemerkung sei dem gesamten Buch vorangestellt.

Einleitung

Dieses Buch ist aus der Erfahrung in psychosozialen Arbeitsbereichen stationärer Kinder- und Jugendarbeit geschrieben und an alle psychosozialen Berufsgruppen in diesem Tätigkeitsbereich gerichtet. Täglich werden in Deutschland ca. 87 Kinder in die stationäre Kinder- und Jugendhilfe aufgenommen. Durchschnittlich verbringen sie dort mehr als zwei Jahre (LOTTE & POTHMAN 2010). Im Jahr 2017 wurden 51.126 Kinder und Jugendliche in heimähnlichen Einrichtungen fremd untergebracht (Statistisches Bundesamt 2019, S. 248), ca. 5.000 benötigten 2014 einen psychiatrischen Aufenthalt (BÖLT & GRAF 2012), ein großer Teil der Kinder und Jugendlichen benötigt beide Hilfesysteme. Kinder und Jugendliche mit diesem Hilfebedarf sind gekennzeichnet durch komplexe Problemlagen mit intensivem pädagogischen *und* therapeutischen Bedarf, ca. ein Drittel zeigt so viele psychiatrische Störungen und Problemlagen wie nur zwei Prozent der Kinder aus der Allgemeinbevölkerung. Frühe Traumatisierung nimmt dabei eine Spitzenstellung ein. Etwa 80 % der Kinder geben an, eine oder mehrere traumatische Erfahrungen gemacht zu haben, die meisten von ihnen in der unmittelbaren häuslichen Umgebung durch Gewalterleben, Misshandlung, Vernachlässigung oder Missbrauch (SCHMID 2010 b).
Unter zunehmendem Kostendruck in der Jugendhilfe lässt sich eine Verschiebung in Richtung ambulanter Angebote feststellen – mit der Zielsetzung, stationäre Unterbringungen zur vermeiden. Die dadurch besonders hohe Rate von Kindern und Jugendlichen mit psychiatrischen Störungsbildern in den stationären Hilfen (SCHMID u.a. 2006) stellt hohe Anforderungen an die methodische Qualifizierung in der Betreuung, Begleitung und Behandlung. Betrachtet man das Gesamtvolumen der anfallenden Arbeit, wird personell der größte Teil der stationären Hilfen mit Fachkräften aus der Sozialen Arbeit und pädagogischen Disziplinen bestritten. Die Arbeitsrealität in dem anspruchsvollen Versorgungssegment drückt sich jedoch nicht immer in einem entsprechenden Selbstverständnis dieser Berufsgruppen aus. In den letzten Jahren hat sich zudem die Wissenschafts- und Ausbildungslandschaft verändert. Die neuen Studienabschlüsse nach Bologna ermöglichen neue Chancen für die

psychosozialen Professionen, neue (Teil-)Disziplinen und fachliche Identitäten sind entstanden.

Aus einer anderen Richtung wird – insbesondere unter dem Blickwinkel der Kostenentwicklung in der Kinder- und Jugendhilfe – die Frage nach der Effektivität und Effizienz stationärer Jugendhilfemaßnahmen und der Fundierung psychosozialer Arbeitsansätze gefragt (GÜNDER u. a. 2004). Basierten Überlegungen und Beschreibungen zur stationären Arbeit mit Kindern und Jugendlichen bisher häufig auf Praxiserfahrungen, wächst in den letzten Jahren kontinuierlich die Forschungsaktivität innerhalb der Jugendhilfe und dort auch dem stationären Bereich. Im Rahmen einer Katamnesestudie in stationären Einrichtungen der Berliner Jugendhilfe (KATA-TWG) wurden neben zahlreichen Daten aus Betreuungsakten insbesondere Betreuungsprozesse aus der Sicht ehemaliger Klientinnen bzw. Klienten und deren damaligen Bezugsbetreuern und -betreuerinnen reflektiert (Arbeitskreis der Therapeutischen Jugendwohngruppen Berlin 2009). Entlang der Prämisse: »Pädagogische Arbeit kann nur gelingen, wenn das Verhalten, Denken, Fühlen und Handeln dieser Jugendlichen nicht nur unter dem Blickwinkel der eigenen Weltsicht, sondern insbesondere unter der Perspektive der Sinngebung der Jugendlichen selbst erfaßt wird« (SOBCZYK 1993, S. 63) wurde den Wahrnehmungen und Deutungsprozessen der ehemaligen Bewohnerinnen und Bewohner in der Studie besonders viel Aufmerksamkeit geschenkt (alle Originalzitate stammen aus dieser vorliegenden Studie, die Namen wurden jedoch zum Teil geändert).

Der vorliegende Band ist daher ausdrücklich als Brücke zwischen Praxis und Theorie gedacht und auch aus einer Verknüpfung der verschiedenen Erfahrungsebenen Forschung, Lehre und Praxis entstanden. Psychosoziale Fachkräfte verfügen häufig in der Praxis über einen immensen Schatz an wichtigen fachrelevanten Erfahrungen. Oft jedoch fällt es aufgrund der Komplexität des Alltags schwer, das dort erworbene Erfahrungswissen systematisch an Konzepte und Theoriebestände zurückzubinden. In den letzten Jahren hat sich insbesondere die Traumapädagogik darum bemüht, die Theorie-Praxis-Verknüpfung für Fachkräfte in der stationären Kinder- und Jugendhilfe und darüber hinaus zugänglich zu machen (vgl. z. B. BAUSUM u. a. 2013; GAHLEITNER 2012; HANTKE & GÖRGES 2012; STREECK-FISCHER 2012; WEISS 2013; Überblick bei WEISS u. a. 2016) Eine gelungene Theorie-Praxis-Verknüpfung bietet die Möglichkeit zu strukturierter Intuition, die sich vor einem breiten Wissenshintergrund gekonnt entfalten kann und anschließend die eigene Arbeit fachlich qualifiziert beschreiben kann. In diesem Sinne sind auch die für ein an die Praxis gerichtetes Bändchen recht zahlreichen Literaturverweise zu verstehen. Sie sind nicht nur eine Frage von fachlicher Präzision beim Schreiben, sondern sollen in erster Linie als Chance dazu dienen, zu einzelnen Themen bei Interesse vertiefend weiterlesen zu können.

Der Band beginnt mit einem Fallbeispiel aus der genannten Studie. An »Eriks« Lebensgeschichte wird deutlich, wie komplex die Problemlagen der Kinder und Jugendlichen in stationären Einrichtungen sein können und wie hilfreich sich qualifizierte Unterstützung im Lebensverlauf auswirken kann. Doch welche Konzeptionen und Interventionen führen zum Erfolg? Verfolgt man diese Fragestellung, wird deutlich, dass die untersuchten Berliner Einrichtungen milieutherapeutischen Überlegungen verpflichtet sind, die eine Zeit lang in Pädagogik und Heimerziehung abgelehnt wurden, in der Sorge, sich damit therapeutischen medizinisch-psychiatrischen Logiken zu unterwerfen (Krumenacker 1994). »Therapeutisches Milieu« bedeutet jedoch ausdrücklich *nicht* eine Therapeutisierung des Alltags, sondern eine explizite Betonung auf pädagogisch verwurzelte Betreuungskonzeptionen. Diese Tatsache wird im Buch ausdrücklich erläutert und hat zu der Verwendung des Begriffs »pädagogisch-therapeutisches Milieu« (Gahleitner 2016) geführt. Stationäre Kinder- und Jugendarbeit, als Milieugestaltung verstanden, spannt – wie im zweiten Kapitel deutlich wird – eine zwischenmenschliche sowie räumliche und institutionelle pädagogische Perspektive auf, die für fachliche Kontinuität und Stabilität in personeller wie struktureller Hinsicht steht: entlang dem Grundkonzept, dass Problemlagen und Störungen immer eine biografisch-verstehende Dimension enthalten und damit über die Arbeit im Alltag verstehbar und veränderbar sind.

Ausführungen, Zitate und Aussagen aus den Interviews der Studie begleiten auch die gesamten weiteren Ausführungen des Bandes und tragen auf diese Weise zu einer Veranschaulichung theoretischer Inhalte bei. Als elementare Charakteristika im Rückblick auf positive Aspekte der Betreuung lassen sich aus Sicht ehemaliger Bewohnerinnen und Bewohner dialogische Beziehungsorientierung im partizipativ geteilten Lebensalltag, Fachkompetenz und personelle, disziplinäre wie methodische Vielfalt sowie psychosoziale Vernetzungskompetenz herauskristallisieren. Diese Einflussfaktoren, die innerhalb des Gesamtrahmens »pädagogisch-therapeutisches Milieu« für »wirksame Betreuung« und bedeutsame Lebens- und

Entwicklungsperspektiven sorgen, werden in den folgenden drei Kapiteln aus theoretischer wie praktischer Perspektive systematisch erläutert. Einblendungen von Vertiefungskästchen zu theoretischen Inhalten sollen helfen, das Hintergrundwissen bereitzustellen, das man in der tagtäglichen Praxis braucht, um sicher und kompetent handeln zu können. Überdies dienen zahlreiche Fallsequenzen einem konkreten Transfer der theoretischen Ausführungen in die Praxis.

Stationäre Kinder- und Jugendarbeit in der Jugendhilfe wie in Kliniken muss einen lebbaren, identifikationsfähigen Alltag bereitstellen und zugleich zielgerichtet und systematisch handeln. Alle Maßnahmen müssen darauf abgestimmt sein, dass jedes Kind tagtäglich vor der Aufgabe steht, trotz aller traumatischen Belastungen – und mit ihnen – die jeweiligen Veränderungen seiner Lebenslage psychisch zu verarbeiten. Dafür benötigt es bei allen dort arbeitenden Berufsgruppen ausreichende Fachkenntnisse – auch der jeweils angrenzenden Arbeitsbereiche, damit für die konkrete Fallarbeit divergente Dimensionen miteinander in Beziehung gesetzt werden können. Für eine strukturierte Argumentation und Handlungssicherheit in Hilfeplanung, Diagnostik und Intervention benötigen wir dabei eine Systematisierung von Wissensbeständen. Die letzten beiden Kapitel widmen sich beispielhaft und detailliert dem ganz konkreten Vorgehen in der Praxis vor Ort. An einem durchlaufenden und zahlreichen weiteren Fallbeispielen wird die Praxis des »pädagogisch-therapeutischen Milieus« systematisiert, veranschaulicht und lebendig in den einzelnen Schritten entlang eines übergreifenden Modells und weiterer Schaubilder vorgestellt. Abschließende Gedanken zur ethischen Dimension in diesem Arbeitsbereich – auf personeller, institutioneller wie gesellschaftlicher Ebene – beenden diese Überlegungen.

Anliegen dieses Buches ist eine vertiefte Betrachtung des »pädagogisch-therapeutischen Milieus«, das auf der Basis historischer Erfahrungen und Publikationen ruht, aber durch Forschungsergebnisse aus den letzten Jahren, z. B. die KATA-TWG Studie, jedoch auch viele weitere, an aktuelle Ergebnisse und Diskussionen anknüpft. Die Verknüpfung der beiden Dimensionen könnte konzeptionelle Weiterentwicklungen innerhalb der Heimpädagogik, der stationären Jugendhilfe und der Kinder- und Jugendpsychiatrie befördern helfen und Anregungen für weitere Arbeiten in diesem Versorgungssegment bieten. Die Systematisierung von Wissensbeständen und Praxiserfahrungen wird jedoch auch noch zu einem anderen

Zweck benötigt: in der Auseinandersetzung und Zusammenschau mit anderen Professionen und Disziplinen im Fachdiskurs und in der Sozialpolitik. Auf diese Weise kann sich auch das im psychosozialen Arbeitsbereich immer wieder zitierte schlechte Selbst- und Fremdbild der beteiligten Berufsgruppen in ein qualifizierteres und auch anerkannteres Selbst- und Fremdverständnis verändern. Die Entwicklungen in den letzten Jahren weisen bereits in diese Richtung. Das Buch erhebt daher bei seinen häufig sehr interdisziplinär geprägten Überlegungen, die sich noch stark in Entwicklung befinden, auch in der 2. überarbeiteten Auflage keinerlei Anspruch auf Vollständigkeit. Es ist jedoch mit dem Anliegen geschrieben, einer Berufsgruppe, die eine anspruchsvolle und herausfordernde Arbeit leistet, Lust auf »noch mehr« zu machen und ihr damit den Respekt und die Anerkennung einzubringen, die sie dafür verdient.

Berlin, im Februar 2017
Silke Birgitta Gahleitner

Erik – eine »Jugendhilfekarriere« mit vielen Abbrüchen

Erik hatte bereits eine beachtliche Reihe von Beziehungs- und Hilfeabbrüchen hinter sich, bevor er in die Therapeutische Jugendwohngruppe einzog. Wegen Vernachlässigung und Gewalt in der Ursprungsfamilie seit dem sechsten Lebensjahr fremd untergebracht, verlebte er einen großen Teil seiner Kindheit in einem katholischen Kinderheim. Ab dem 16. Lebensjahr schloss sich ein Aufenthalt in einer nachmittags betreuten Jugendwohngemeinschaft an. Dieser ungewohnte Freiraum erwies sich für Erik auf Basis der bisherigen Erfahrungen im Kinderheim als nicht hilfreich. Da der Rahmen in der Wohngemeinschaft für Erik nicht zu halten war, entschied das Jugendamt sich kurzzeitig für eine eigene Wohnung. Drogenexzesse und Kriminalität waren die Folge und führten schließlich zu einem Abbruch aller Hilfen. Erik verbrachte einige Zeit in Obdachlosigkeit, bevor er über eine Drogenspezialeinrichtung den Weg in die Therapeutische Wohngruppe (TWG) fand.

Auf die Sehnsucht »alles wird gut« folgt die »Erstverschlimmerung«

Den Weg von der Straße in die Einrichtungen erinnert er zunächst positiv: »Für mich war das anfangs sehr schön ... weil wenn man da von, ich sag' mal von der Straße, gleich in so ein in so ein schönes Haus kommt, immer was zu essen und Ansprechpartner sind da und Betreuer ... das war anfangs sehr schön, man hat sich sehr geborgen gefühlt. Natürlich ist es auch immer fremd und ein bisschen komisch, und Regeln, viele Regeln, auch einige Regeln, die man nicht so akzeptieren will ... aber sonst war man erst mal erleichtert, dass man wieder irgendwo wohnen kann, ein Dach über dem Kopf hat und man was zu essen hat und einem geholfen wird erstmal.« Die Problemlagen ließen nach dem Einzug jedoch nicht lange auf sich warten: »Ich habe mir das halt so vorgestellt, ich bin jetzt in der TWG, ich zieh' da jetzt ein, und dann wird alles wieder gut von automatisch, ... die machen das schon alles.«

Erst mit der Zeit wird Eric deutlich, was Veränderungsprozesse tatsächlich bedeuten: »Ich habe eigentlich noch gar nicht so richtig verstanden, was Therapie ist oder was mir das bringen soll oder ob ich überhaupt clean bleiben will, sondern das war einfach mehr so, ja man wohnt da jetzt erst mal, und da geht's einem erst mal gut, und man denkt gar nicht so weit, so viel an die Zukunft oder denkt soweit voraus, sondern lebt einfach im Hier und Jetzt. Dann hat man sich halt eingelebt, ... und dann, um so mehr ich mich eingelebt habe, umso mehr war ich auch ich selber, und dann kamen die ersten Probleme, kamen dann zum Vorschein, dann ging es eigentlich los, die Therapie, zumal ich das gar nicht so verstanden habe, dass ich jetzt Therapie mache, an mir arbeite anfangs oder sonst irgendwie, sondern einfach nur, ja kamen meine Probleme zum Vorschein, und die musste man erst mal irgendwie aus der Welt ... an jeder Situation halt erst mal arbeiten, weil, ja, ich war einfach noch nicht so weit.«

Erik wurde bald rückfällig: »Kaum war ich aus der Probephase draußen, war ich rückfällig, und ich war dann lange Zeit so, dass ich halt regelmäßig rückfällig war, ja, ich hatte dann ... ich war immer sehr impulsiv, sehr hektisch, sehr nervös, sehr aggressiv, und die Aggressionen kamen auch oft durch mit mir, sehr oft sehr viele Gegenstände irgendwie, na zerstört, kaputtgemacht, ich habe da meine Wut ausgelassen ... war schwierig am Anfang, wenn man oft rückfällig ist, aggressiv wird, dann kam noch irgendwann Depression dazu, das war dann sehr schwierig.«

Der anstrengende Weg, sich kennenzulernen

Heute, im Rückblick, kann Erik gut reflektieren, was damals in ihm vorgegangen ist: »Also irgendwann holt einen dann die Vergangenheit ein. Und dann irgendwann in der TWG, was man für Schwierigkeiten hat, die waren bestimmt vorher auch da, die Aggressionen und der Kontrollverlust, die waren auch da, bloß die habe ich halt noch nicht so als Problem wahrgenommen, das hat mich eben nicht so weiter gestört ... Da kamen halt die Sachen raus, die man halt vorher nicht so mitbekommen hat, die Probleme halt ... ist halt so, man ist 16, man trinkt ein bisschen, ist mit Idioten unterwegs ... dann fühlt man sich toll, wenn man sich prügeln kann und so, so war das halt ... aber irgendwo hat man dann halt verstanden: ›Scheiße, da läuft was nicht richtig, und ich will irgendwo hin, ich habe meine Ziele‹ ... und dann haben die Probleme angefangen, dann kamen halt auch Sachen auch zum Vorschein, mit denen ich mich vorher nicht beschäftigt hatte, Heimaufenthalt und familiäre Probleme, einfach dafür, da war keine Zeit für, ich war ja immer im Stress oder habe konsumiert oder sonst was, und dann kam ich da zur Ruhe halt, und denn habe ich meine Probleme halt dadurch nur kennengelernt.«

Eberhard, sein Betreuer, bestätigt Eriks Wahrnehmung von der Anfangsphase in der Einrichtung: »Mit der Zeit hat er gemerkt ... hier könnte ich Fuß fassen. Und mit seinen Aggressionen ist er natürlich sehr oft bei vielen Leuten angeeckt, dass er halt Schwierigkeiten hatte, sich so an das Regelwerk zu halten ... Anfänglich war es auch ein großes Problem, Misserfolge zu akzeptieren, natürlich gepaart mit einem sehr geringen Selbstbewusstsein«, sagt Eberhard, kommt aber sogleich auf die positiven Entwicklungen von Erik zu sprechen, über die er sich sichtlich stolz zeigt: »Also das war anfangs noch eine Problematik, die sich aber immer mehr relativiert hat, je realistischer er sich selbst gesehen und eingeschätzt hat.« Erik dagegen ist noch nicht mit sich zufrieden: »Die Kontinuität fehlt bei allen Sachen ein bisschen, das Durchhaltevermögen.« Bei genauerem Nachfragen stellt sich jedoch heraus, dass er aktuell clean ist, seine Aggressionen im Griff hat und mit den Depressionen so umgehen kann, dass er seine Ziele nicht aus den Augen verliert. Dazu gehört in erster Linie, einen weiteren Schulabschluss zu machen. Seine Ambivalenz gegenüber dem Erfolg hat damit zu tun, dass es nach dem Auszug aus der TWG in ein weniger betreuungsintensives Erwachsenenprojekt nochmals einen schweren Rückfall gab: »Teilzeitbetreuung, also viele betreuungsfreie Zeiten, ... alles alleine machen, sag' ich mal so ... ich war dann auch zu dem Zeitpunkt der Meinung ich habe kein Problem mit Alkohol, das habe ich schon im Griff, dann war das, ging ganz schnell, da war ich schon heimlich rückfällig über einen langen Zeitraum, über ein halbes Jahr ... und die letzten ein, zwei Monate war, ja, das war die falsche Gruppenkonstellation ... wir vier sind rausgeflogen ... ich hätte noch mal hin gedurft, bloß ich war denn wieder schon so in dem Sumpf drinne, in diesem Kreislauf, da waren schon die nächsten Partys geplant ... auf einmal wieder obdachlos, und dann ging es ganz schnell, dann war ich auch ganz schnell wieder in der Klinik.«

Die »Strohhalm-Beziehung« beim Absturz

Auf die Frage, wie er es denn dann geschafft habe, wieder zurückzufinden, erzählt Erik: »Ich weiß nicht, wo ich war, wo mein Geld ist, wo meine Karten sind, wo, alles vergessen halt, ... habe dann den Klinikaufenthalt abgebrochen, weiter konsumiert, konsumiert, obdachlos gewesen, und immer wieder immer wieder ... ja und irgendwo, ich habe dann mit Eberhard wieder immer telefoniert ab und zu.« Eberhard hat diese für ihn sichtlich schwierige Zeit keineswegs vergessen: »Für mich war's natürlich ein bisschen ein Drahtseilakt also, ... und ich habe ihm immer gesagt: ›Ich bin für dich da, ja, aber du musst auch akzeptieren, wenn ich dir sage, ich kann jetzt nicht‹, das hat er auch immer eingehalten.« Bei dem Versuch, Erik von der ehemaligen Einrichtung aus zu unterstützen, gab es jedoch noch weitere Hürden. Nach den vielen Rückfällen wurde Erik als hoffnungsloser Jugendhilfefall eingeschätzt, ihm wurde keine Hilfe mehr in der Region finanziert: »Der junge Mann ist raus,« zitiert Eberhard die Behörden, »und der hat auch keine wirkliche Chance, es sei denn, er würde sich noch mal auf eine Langzeittherapie einlassen.« Unter vielen Mühen und immensem Einsatz von Eberhard gelang die Rückkehr in das Erwachsenenprojekt, diesmal unter neuen Vorzeichen für Erik: »Aber natürlich gibt's 'n Unterschied, ich habe einiges verstanden ... ich habe einfach gemerkt, ich bin jetzt einfach bereit irgendwie, intensiver Therapie zu machen, ja, ... bin jetzt bereit irgendwie, richtig was zu ändern, ... natürlich auch mit Schwierigkeiten ... ich kann mich ja nicht von heut' auf morgen ändern, aber jetzt ist es anders, eine andere Sicht auf die ganze Sache.« Eberhard sagt rückblickend: »Ich habe öfter über ihn nachgedacht und bin auch dran geblieben und habe ihm halt gut zugeredet, ich habe mir immer wieder gedacht: ›Der kommt‹, ich glaub' auch immer noch, dass er das schafft, bloß er braucht Zeit, er braucht seine Zeit.«

Was wirkt?

Umfassend Kontinuität und Beziehung anbieten

Eberhard schätzt das Angebot, das Erik brauchte, um trotz seiner bereits sehr abwärts gerichteten Jugendhilfekarriere Fuß fassen zu können, als sehr umfassend ein. Aus der Zeit mit Erik erzählt er: »Ich denke, was für ihn ganz wichtig war, war erst mal, dass wirklich immer jemand da ist, 24 Stunden, das war für ihn damals, denke ich, konzeptionell das Beste, was ihm passieren konnte. Und ja, ansonsten denke ich einfach, die sehr authentische ehrliche Bindung, die Möglichkeit, Vertrauen zu haben zu jemandem, also zu der Einrichtung im Allgemeinen, aber auch speziell zu mir. Ich denke, dass ich verschiedene Rollen hatte einfach, und die konnte ich ganz gut bedienen, ich war halt auf der einen Seite ein Kumpel, großer Bruder, Vater, ich war aber auch der Bezugsbetreuer, ich war Wächter, ja also, der wirklich auch knallhart einfach auch mal durchgegriffen hat und ihm die Bettdecke weggezogen hat und Grenzen gesetzt hat, ... ich habe ihn konfrontiert mit seinen Schwächen, aber auch mit seinen Stärken, und da sind wir, glaube ich, durch eine, ja das war, das war mal wilde Fahrt, mal ruhigere, und wir sind durch Höhen und Tiefen gemeinsam gegangen, und dadurch hat sich dann eben auch Bindung ergeben, wo man einfach dann irgendwann auch keine Spielchen mehr machen musste, ... ich habe ihn angekuckt, er hat mich angekuckt, und bestimmte Dinge brauchte er gar nicht mehr zu sagen ... wir haben einfach ehrlich miteinander geredet, und das ist natürlich dann schon sehr gewinnbringend, also für beide Seiten.«

Wieder Vertrauen finden: ein langsamer und steiniger Weg

Das gute und intensive Betreuungsverhältnis zu Eberhard musste Erik sich hart erarbeiten. Anfangs, als er in die TWG kam, stand sein Aufenthalt durch seine selbst- und fremdgefährdenden Gewaltdurchbrüche ständig auf der Kippe. Zu seinem zugeordneten Bezugsbetreuer konnte er kein Verhältnis entwickeln, ein Betreuungswechsel wurde jedoch im Sinne einer Kontinuitätsentwicklung zunächst vom Team nicht in Betracht gezogen. Erik sieht das bis heute negativ und hat sehr für die Betreuung durch ihn gekämpft, erzählt Eberhard: »Mit seinen Aggressionen ist er natürlich sehr oft bei vielen Leuten angeeckt ... und weil er sehr ehrlich ist, hat er auch früh seine Sympathien gezeigt, den Betreuern gegenüber, die er für offener hielt und für authentischer ... und dann hat er große Probleme bekommen. ... Unser Verhältnis war von vornherein sehr stark geprägt durch die Gemeinsamkeit auf der sportlichen Ebene ... ich selber bewege mich sehr gerne, mache Sport, und Erik auch ... und da haben wir sofort einen Draht zueinander gehabt ... und er hat dann irgendwann gemerkt, dass er mir vertrauen kann, die Grenzen angenommen, die ich ihm gesetzt habe, aber das hat gedauert, also ... es war eben halt ein Auf und Ab, je nachdem, wie sein momentaner Zustand war und wie gut die Beziehungen funktioniert haben zu anderen Menschen, ob das in der Schule war, ob das mit dem, mit dem, mit seiner Freundin war, oder eben auch bei uns im Haus.«

Am Anfang wirkt allein der Betreuungsalltag

An dieser Stelle ergänzt Eberhard Ausführungen zum Verhältnis von Alltagsbetreuung und therapeutischer Arbeit in den TWGs, zur Bedeutung des richtigen Zeitpunktes von Psychotherapie und Beratung im sinnvollen Zusammenspiel: »Und in dem Moment konnte man arbeiten mit ihm, also sowohl unser damaliger Therapeut als auch ich und auch meine Kollegen konnten da ganz viel mit ihm erreichen, und dann, was wir geschafft haben, ist, wir haben gemeinsam die mittlere Reife mit ihm zusammen geschafft, und das war beim Einzug überhaupt nicht absehbar, dass wir das hinkriegen, das war schon klasse.« Erik radikalisiert diese Einschätzung nochmals und macht deutlich, wie kleinschrittig man vorgehen muss, damit eine angebotene Hilfe überhaupt greifen kann: »Naja, und so richtig Therapie, was weiß ich, so richtig Therapie war das nicht so für mich, ... mehr dann zum Schluss, anfangs war das einfach nur, ja erst mal von der

Straße weg, Ankommen und probieren einfach, clean zu bleiben, also so richtig Therapie habe ich so nicht verstanden oder konnte ich mich nicht drauf einlassen oder das begreifen, erst zum Schluss halt, was ich gut fand, aber immer die Einzelgespräche, die waren immer sehr gut, ja.« Ohne die unmittelbare, engagierte Begleitung von Eberhard und anderen Betreuerinnen und Betreuern in der TWG, ohne die bereitgestellte Struktur, so betont Erik mehrfach, hätte er es nicht geschafft. Deutlich wird die enge Verknüpfung zwischen Beziehung, Struktur, Arbeit im Alltag einerseits und positiven Freizeitsequenzen andererseits. Eriks Ansicht nach waren sowohl erzieherischer Nachdruck als auch ein Belohnungssystem mit angenehmen Alltags- und Freizeitsequenzen wirkungsvoll: »Klingt ein bisschen blöd, aber allein das morgens immer Wecken, da fing das ja schon an, wenn das nicht gelaufen wäre, hätte ich keinen Abschluss ... na ohne das wär' nichts gelaufen, ich weiß nicht, ohne diese Gespräche, auch diese Freitagabende, war immer bei allen sehr beliebt, ›Eberhard kommt, wir spielen Karten, wir gucken DVD, und wir bleiben lange wach zusammen‹ ...«

Die Gruppe: Herausforderung und Rückhalt zugleich

Mit der Gruppe hat Erik sich seiner Aussage nach eher schwer getan: »Das war halt nie so mein Fall.« Er geriet leicht in zu große Abhängigkeiten oder aber in Konflikte mit anderen und in der Folge auch in Konflikt mit dem Regelwerk der Einrichtung. Sein damals bester Freund ist zurzeit wieder drogenabhängig und straffällig. Erik erlebte jedoch in der Einrichtungszeit seine erste längere Paarbeziehung und kann auf dieser Erfahrung heute mit einer schon recht lang anhaltenden Beziehung zu einer jungen Frau anknüpfen. Dennoch muss er dabei sehr auf die Regulierung von Nähe und Distanz achten. Die Gruppe positiv zu erleben gelang Erik jedoch gut an jenen Abenden, an denen es begehrte Freizeitaktivitäten gab, Sport, Spiele und auch ab und zu Videos, die in gemütliche lange gemeinsame Abende mündeten, auch ein Teil bisher unerfahrener Nachsozialisation für Erik, ebenso wie die gemeinsamen Reisen. Darauf, dass er letztlich über die Zeit fast drogenfrei geblieben ist und seine Schule geschafft hat, ist selbst Erik stolz. Aber auch sonst sieht er seinen Aufenthalt in der TWG als sehr hilfreich für sich: »Ich habe viele Erfahrungen gesammelt, sehr viel sehr viele sehr sehr viele Erfahrungen, viele Menschen kennengelernt ... die erste große Liebe, ich habe vieles kennengelernt, und das war natürlich der Grundbaustein für alles ... und das ist jetzt einfach, ohne das alles, ja, wer weiß, wo ich jetzt wär', wer weiß?« Eberhard fasst nochmals zusammen, was Erik bereits ausgeführt hat: »Persönliches

Engagement, Begeisterungsfähigkeit, ... Struktur, ... Kontinuität, ... Verlässlichkeit. Und dann Vielfältigkeit ...«

Pädagogische und therapeutische Beziehungsräume: am wirksamsten im Zusammenspiel

Immer wieder kommt Erik dabei auf die Einzelgespräche zurück – und auf das Verhältnis zwischen Pädagogik und Psychotherapie: »Gespräche ... na einmal, man muss ja irgendwo seine Sachen loswerden, das eine sind natürlich die Einzelgespräche, die therapeutischen, da natürlich kann man auch einiges loswerden, bloß man muss doch auch ... ist ja immer ein fester Termin in einer Woche für eine Stunde, das reicht nicht, man braucht ja irgendwie, zwischendrin ... da braucht man halt jemanden, mit dem man halt gerne redet, nämlich irgendwie so: Da kann ich jetzt hingehen, wenn ich will ... wo man auch weiß, der hört einem zu, der interessiert sich dafür, dem kann man vertrauen, das geht nirgendwo weiter.«
Auf die Frage, was denn bei Gesprächen wichtige Themen gewesen seien, sagt Erik fast empört: »Das ist eigentlich egal, was für ein Thema das war, ja, das ist wirklich scheißegal, ob das jetzt Kleinigkeiten waren ... oder es geht um so Beziehungsprobleme jetzt mit meiner ersten Liebe, das ist eigentlich egal, ich konnte da immer hingehen mit meinen Problemen oder auch, wenn ich was Schönes zu erzählen hatte oder einfach nur irgendwelche Fußballergebnisse ihm mitteilen wollte, er war dann halt immer da, hat mir immer zugehört, und es hat immer Spaß gemacht, mit ihm zu sprechen ... es war einfach immer gut, immer.«

Beziehung als Schlüsselfaktor für einen Neuanfang

Erik beschreibt zu Beginn des Interviews ein sehr typisches Phänomen aus dem stationären Jugendhilfealltag: die sogenannte »Erstverschlimmerung«. Die zunächst lang ersehnte Sicherheit und Versorgung führt in besonderem Maße zu einem Aufbrechen alter Wunden und Problemlagen. Die Kinder und Jugendlichen, die häufig bei Aufnahme in die TWG noch nicht mit psychotherapeutischen Reflexions- und Trainingsmodalitäten vertraut sind und gleichzeitig eine Reihe von Erfahrungen mit Beziehungsabbrüchen mitbringen, können die angebotene Hilfe zunächst oft nicht für sich nutzen. Der Alltag muss sich hilfreich erweisen, aber im Alltag scheint es nun plötzlich noch mehr Probleme und »Steine des Anstoßes« zu geben als zuvor. Das Rückfallrisiko ist also gerade zu Beginn einer

Hilfe sehr groß. Eigentlich zieht es sich wie ein roter Faden durch die ganze Lebensgeschichte von Erik, kann aber einige Jahre in der Therapeutischen Jugendwohngruppe abgefangen werden. Der dann tatsächlich erfolgte Rückfall in der Erwachseneneinrichtung ist typisch. Aufgrund der herrschenden Finanznot werden junge Erwachsene schon lange nicht mehr, wie es das Kinder-und Jugendhilfegesetz (KJHG) eigentlich vorsieht, von der Jugendhilfe betreut. Nicht nur in der Studie KATA-TWG ist Eriks Geschichte kein Einzelfall. Die eklatanten Rückfallzahlen beim Übergang in eine andere Einrichtung sind in Forschung und Praxis bekannt. Viele Jugendliche erleiden schwere Rückfälle durch einen zu frühen Übergang in Erwachseneneinrichtungen, die völlig anders strukturiert sind als viele Jugendhilfesettings (Ehmer 2010, S. 10).

Konsequente Beziehungsarbeit als Eingangstor und Brücke, auch und gerade bei Abbrüchen

Der Weg, mit dem Erik schließlich der Wiedereinstieg gelingt, zeigt sich bei mehreren der Jugendlichen aus der Studie ähnlich: Was ihn wieder von der Straße und aus der lebensgefährlichen Selbstgefährdung herauszuholen vermochte, war der Kontakt zu seinem ehemaligen Bezugsbetreuer und dessen Einsatz für eine Neuaufnahme in eine weitere Betreuungseinrichtung. Auch bei der Frage, was nach Meinung von Erik und Eberhard denn dabei geholfen habe, dass Erik sich einige Jahre lang in der Therapeutischen Jugendwohngruppe gut entwickeln konnte, verweisen beide zunächst auf die äußerst komplizierte und von hoher Beziehungssensibilität geprägte Kontaktaufnahme. Sie funktioniert wie ein Eingangstor, das den Weg zur gemeinsamen Arbeit öffnet: Auf dieser Basis kann Eberhard emotional korrigierende Erfahrungen anbieten, authentische Rückmeldungen geben, aber auch anstoßen, konfrontieren, Grenzen setzen. So wird der gesamte Alltag zu einer Alternativerfahrung zur vorherigen Biografie. Für Erik ist es neu, ernst genommen zu werden, angefeuert zu werden, auch mal »Stress zu kriegen«, wenn etwas nicht klappt. Aber vor allem schätzt er die vielen Freizeitmomente, auf die er sich verlässlich und kontinuierlich trotz immer wiederkehrender Einbrüche und Schwierigkeiten mit der Gruppensituation freuen kann.

Auffallend sind bei genauerer Betrachtung und Auswertung der Aussagen von Erik die Parallelen zu historisch verfassten Konzepten erfolgreicher Kinderpsychiatrie bzw. Heimerziehung im Rahmen milieutherapeutischer Überlegungen. Auch dort wurde das Geschehen bewusst in den natürlichen interpersonalen und situationalen Lebenskontext der Kinder zurückverlegt (Redl 1971). Das Hauptinteresse galt damit jenen 23 Stunden, »die außer der psychotherapeutischen Sitzung vom Tag noch verbleiben – denn es ist dann und dort, dass das Milieu am stärksten zur Wirkung kommt« (Trieschmann u. a. 1969/1975, S. 23). Als konstitutiv galt auch in diesen Konzeptionen »ein von Erzieher und Kind gemeinsam durchlebter, tiefenpsychologisch reflektierter und gestalteter Alltag« (Krumenacker 2001, S. 18), der insbesondere dem Beziehungs- und Interaktionsgeschehen Wirkungskraft zuschreibt. Bezüglich der geforderten Partizipation und dialogischen Arbeitsweise forderte bereits Fritz Redl (1971), dass die Maßnahmen auf die spezielle Eigenart der Kinder zugeschnitten sein müssen. Auch Bruno Bettelheims Kritik am Behandlungssystem seiner Zeit, dass Expertinnen und Experten allein entscheiden, »was ... getan werden muss« (Bettelheim 1990/1993, S. 42) zeigt ebenfalls eine deutliche Distanz zur Expertokratie und Deutungswillkür damaliger psychoanalytischer Zusammenhänge und einen Aufruf zur dialogisch orientierten Arbeit mit Kindern und Jugendlichen. Im folgenden Kapitel wird daher in die Grundlagen und die Geschichte des »therapeutischen Milieus« eingeführt, welches einen wichtigen Beitrag für die Qualität in unseren aktuell betriebenen Einrichtungen der Kinder- und Jugendarbeit zu leisten vermag, und anschließend darauf eingegangen, warum das »therapeutische Milieu« im aktuellen Diskurs als »pädagogisch-therapeutisches Milieu« bezeichnet werden sollte (vgl. zur Begrifflichkeit erstmals Gahleitner 2015, 2016), um seinem Inhalt aktuell und angemessen gerecht zu werden.

Das »pädagogisch-therapeutische Milieu«

Wozu wird das »pädagogisch-therapeutische Milieu« gebraucht?

Jugendlichen wie Erik bei ihrem Aufwachsen Orientierung in den gesellschaftlichen Verhältnissen und Bewältigungsunterstützung zu bieten stellt in einem Alltag, der von »Desorientierung und Ratlosigkeit« (THIERSCH 1992, S. 44) gekennzeichnet ist, große Herausforderungen an Familien und Sozialisationsinstanzen der Kinder- und Jugendarbeit. Nach dem 13. Kinder- und Jugendbericht (BT-Drs. 16/12860 2009) verschlechtert sich »die gesundheitsbezogene Chancengleichheit dabei vor allem für sozioökonomisch benachteiligte Bevölkerungsgruppen« (S. 161), da sich die soziostrukturellen Veränderungen in der Gesellschaft der letzten Jahrzehnte vor allem für benachteiligte Gruppen und hier wiederum in besonderem Maße für aufwachsende Kinder und Jugendliche negativ ausgewirkt haben.

Komplexe Entwicklungsstörungen bei benachteiligten Kindern

In stationären Einrichtungen der Kinder- und Jugendarbeit häuft sich folglich das Vorkommen multipler, komplexer Entwicklungsstörungen (STREECK-FISCHER 2014). Betrachtet man z. B. die Gruppe der Jugendlichen in der bereits in der Einleitung genannten Studie KATA-TWG, häufen sich dort die Problemkomplexe: Traumata, Bindungsstörungen, Persönlichkeitsstörungen, Neurosen, Psychosen, Essstörungen, Selbstverletzung, Sucht und Dissozialität. Schwere Bindungsdefizite oder Bindungsstörungen bereits in der frühen Kindheitsgeschichte lassen sich vermuten, auch wenn dazu häufig keine Berichte oder Dokumentationen vorliegen. Die Ergebnisse korrespondieren mit aktuellen Untersuchungen zu stationären Angeboten der Kinder- und Jugendarbeit auf nationaler wie internationaler Ebene, wie im Folgenden deutlich wird.

Kinder und Jugendliche in stationären Einrichtungen: Daten und Fakten

Nach den Daten des Kinder-und Jugendgesundheitssurvey (KiGGS; Hölling u.a. 2014) verteilt sich die Häufigkeit psychischer Auffälligkeiten sozial ungleich. Der soziale Status und damit verbundene ungleiche Gesundheitschancen von Eltern spiegeln sich in der Gesundheit von Kindern und Jugendlichen wieder und beeinflussen deren weiteren Lebensverlauf (Babitsch & Götz 2016). Während lediglich 9,8 % der Kinder aus Familien mit hohem Sozialstatus Merkmale psychischer Auffälligkeiten zeigten, waren dies bei Familien mit mittlerem Sozialstatus 19,0 %, in Familien mit niedrigem Sozialstatus sogar 33,3 % ihrer Kinder und damit fast dreimal so viele wie bei Familien mit hohem Sozialstatus (Hölling u.a. 2014). Im stationären Bereich der Kinder- und Jugendhilfe lässt sich eine besonders hohe Rate von kinder- und jugendpsychiatrischen Erkrankungen feststellen. Etwa zwei Drittel der Kinder zeigen auffällige Ergebnisse, ca. ein Drittel zeigt so viele Störungen und Problemlagen wie nur zwei Prozent der Kinder aus der Allgemeinbevölkerung (Schmid u.a. 2007; Mielck 2011; Geyer 2016; Überblick Babitsch & Götz 2016).

Besonders häufig kommen dabei – häufig als Folge früher Traumata – externalisierende Störungsbilder vor (ebd.). Hyperaktivität, aggressives Verhalten, mangelnde Motivation und Kooperation gegenüber Regeln und Normen bis hin zu Jugenddelikten stellen Mitarbeiterinnen und Mitarbeiter stationärer Einrichtungen vor hohe Anforderungen. Jedoch auch der Anteil an internalisierenden Traumafolgestörungen wie Depressionen, Angststörungen etc. zeigt sich in den vorliegenden Untersuchungen. Die Ergebnisse sind im Vergleich mit anderen Untersuchungen sehr stabil, sowohl national als auch international betrachtet. So weist die Würzburger Jugendhilfe-Evaluationsstudie (WJE) bei Kindern, die in Heime aufgenommen werden, ein Fünftel der Kinder als dissozial aus, 40 % werden als hyperaktiv eingeschätzt (Patzelt 2000). Nach der Effektestudie für erzieherische Hilfen (JES; Schmidt u.a. 2002) nimmt die Zahl der Hilfebedürftigen in diesem Bereich stetig zu.

Regelhafte Überforderung von Fachkräften im Kinder- und Jugendbereich

Die dadurch entstehende Überforderung der Fachkräfte in diesem anspruchsvollen Arbeitsbereich führt neben der psychosozialen Belastung für die Fachkräfte auch zu Abbrüchen in den Hilfeverläufen. Nach der Untersuchung KATA-TWG gehören mehr als 80 % der Jugendlichen, die die Maßnahme abbrechen, auch zu der Gruppe, die keinerlei Problemreduktion im Hilfeverlauf der stationären Einrichtungen aufweisen können. Betrachtet man hingingen die Jugendlichen, die die Maßnahme planmäßig durchführen, zeigen sich 83 % von ihnen als sehr erfolgreich. Auch diese Ergebnisse erfahren eine deutliche Bestätigung von anderen, z. T. deutschlandweit angelegten Jugendhilfestudien (z. B. BAUR u. a. 1998; MACSENAERE & HERRMANN 2004). Die Überforderung der Fachkräfte stellt dabei jedoch nur einen von mehreren Einflussfaktoren dar. Die meisten Abbrüche und Rückfälle werden – nach der Erfahrung der interviewten Fachkräfte der KATA-TWG-Studie – strukturell verursacht, durch immer knapper kalkulierte Hilfeverläufe und häufig entgegen fachlichen Überlegungen erzwungene frühzeitige Entlassungen.

Erik aus dem obigen Fallbeispiel wird aus dem Heim zunächst in eine nur nachmittags betreute Jugendwohngemeinschaft sowie eine eigene unbetreute Wohnung und erst nach deutlichem Abrutschen in massiven Drogenkonsum in eine Therapeutische Jugendwohngruppe vermittelt. Durch das eng geknüpfte Netz aus Bindungsbezügen und im Dialog mit seinem Bezugsbetreuer und der Therapeutin, die beide über fundiertes Fachwissen über seine Problematik verfügten, entwickelte er sich einige Jahre sehr Erfolg versprechend, nicht jedoch ohne mehrfach von einem »Rauswurf« bedroht zu sein. Beim Übergang in die Einrichtung für junge Erwachsene mit deutlich geringerer Betreuungsdichte gerät er erneut in lebensgefährliche und strafrelevante Eskapaden. Beim Jugendamt wird er daraufhin als »hoffnungsloser Fall« eingestuft. Nur mit viel Einsatz vonseiten seines ehemaligen Betreuers aus der Therapeutische Jugendwohngruppe gelingt es, auf dem Amt eine weitere Hilfe zu erwirken, in der Erik sich bis heute befindet. Seine »Jugendhilfekarriere« ist ein durchaus nicht untypisches Beispiel für das Scheitern unserer Versorgungslandschaft an komplexen Problematiken. Was jedoch bedeuten »Karrieren« wie diese für Fragen nach Versorgungsqualität? Wie überhaupt gestaltet sich die Versorgung in einem Gebiet, das sich an der Schnittstelle von Gesundheits- und Sozialversorgung befindet? Wo also und in welcher Verfassung befindet sich stationäre Kinder- und Jugendarbeit im Netz der Versorgung?

Kinder und Jugendliche brauchen Versorgungssysteme mit fließenden Übergängen

In Deutschland haben jährlich etwa 28.000 Kinder und Jugendliche Bedarf an stationärer oder teilstationärer kinder- und jugendpsychiatrischer Behandlung (JUNGMANN 2007). Die Tendenz ist steigend und mündet gemeinsam mit einer Verkürzung der Aufenthaltszeiten in einen erhöhten Bedarf an qualifizierten Maßnahmen im Rahmen der Jugendhilfe. Einrichtungen der Jugendhilfe sind inzwischen mit der Erweiterung des Kinder- und Jugendhilfegesetzes um den § 35 a umfassend für alle von »seelischer Behinderung« bedrohten

Kinder- und Jugendlichen zuständig und häufig mit einer ähnlichen Klientel und ähnlichen Fragestellungen befasst wie die Kliniken (du Bois 2004, S. 422 ff.). Beide Hilfesysteme müssen deshalb arbeitsteilig und gemeinschaftlich zugleich vorgehen. Was jedoch bedeutet dieser intensive Kooperationsbedarf bei steigenden Anforderungen in der Versorgung von Kindern und Jugendlichen? Der 13. Kinder- und Jugendbericht (BT-Drs. 16/12860 2009) bezeichnet die Lage 2009 als ein Auseinanderklaffen von Zuständigkeiten (S. 13) und fordert mit Nachdruck eine konstruktivere Zusammenarbeit bestehender Einrichtungen und Dienste, optimalerweise »multimodale Versorgungsnetze« (S. 16). Stationäre Einrichtungen nehmen dabei eine zentrale Schlüsselstellung ein. Diese Aufforderung wurde in den letzten Jahren bestenfalls ansatzweise eingelöst.

Kooperationsnotwendigkeiten im Jugendhilfebereich werden vom zeitlichen wie auch finanziellen Aufwand allerdings häufig unterschätzt. Das Ergebnis sind immer Stolpersteine oder Lücken im Hilfenetz mit spürbaren Versorgungsdefiziten (Gahleitner & Homfeldt 2012). Die Kinder- und Jugendpsychiatrie z. B. kann große Teile ihrer Klientel nicht fachgerecht versorgen ohne geeignete begleitende oder sich anschließende Jugendhilfemaßnahmen, wie umgekehrt vielen Kindern und Jugendlichen in der Erziehungshilfe nicht ohne kinder- und jugendpsychiatrische Unterstützung wirklich geholfen werden kann (Beck & Warnke 2009 a). An den exponenziell steigenden Publikationszahlen zu diesem Thema lässt sich ablesen, dass das Problem schon lange erkannt, jedoch noch nicht gelöst ist.[1] Der bereits angesprochene Paragraf § 35 a KJHG hatte genau diese Problematik zum Gegenstand und sollte Lösungen befördern helfen.

»Pädagogisch-therapeutisches Milieu« als Schnittstelle verschiedener Disziplinen

§ 35 a KJHG

Rechtsgrundlage der Heimerziehung bildet der § 34 SGB VIII (»Heimerziehung, sonstige betreute Wohnform«) in Verbindung mit § 27. § 35 a begründet dabei den besonderen Anspruch auf Aufnahme und Förderung in einer Einrichtung der Erziehungshilfe für seelisch behinderte Kinder und Jugendliche. Kinder und Jugendliche verfügen gemäß § 35 a über einen Anspruch

1 Vgl. insbesondere das von Fegert und Schrapper (2004) herausgegebene Handbuch Jugendhilfe – Jugendpsychiatrie. Interdisziplinäre Kooperation, jedoch auch eine Reihe aktuellerer Monografien und Herausgeberbände sowie Fachartikel (für eine Übersicht siehe Gahleitner u. a. 2010; Gahleitner & Homfeldt 2012).

auf Eingliederungshilfe, wenn (1) ihre seelische Gesundheit mit hoher Wahrscheinlichkeit länger als sechs Monate von dem für ihr Lebensalter typischen Zustand abweicht und (2) daher ihre Teilhabe am Leben in der Gesellschaft beeinträchtigt ist oder eine solche Beeinträchtigung zu erwarten ist (SGB VIII 2015).

Die Abklärung der »seelischen Behinderung« erfordert den Einsatz von Fachkräften aus den Bereichen der Medizin, Psychologie, (Heil-)Pädagogik und Sozialen Arbeit. Kooperative und partnerschaftliche Arbeitsweisen im Rahmen der Zusammenarbeit zwischen den beiden Hilfesegmenten gewinnen also zunehmend an Bedeutung. Stationäre Kinder- und Jugendarbeit nimmt hier eine verantwortungsvolle Schlüsselrolle ein, die eine besonders belastete Klientel versorgt, egal um welches Versorgungssegment es sich handelt. Der Paragraf könnte ärztliche und sozialarbeiterische bzw. pädagogische Kompetenzen bei den Planungen zur Eingliederungshilfe psychisch kranker Kinder und Jugendlicher vereinen und damit sowohl eine effektivere Kooperation fördern als auch gesellschaftliche Folgekosten verhindern helfen.

In der Praxis jedoch zeigt sich: »Interessanterweise erhalten die psychisch sehr belasteten Kinder in der Heimerziehung und auf Förderschulen für sozioemotionale Entwicklung im Vergleich zu ihrer immensen Teilhabebeeinträchtigung sehr selten Hilfen nach § 35a ..., was darauf hindeutet, dass die Grundidee dieser Rechtsform eine interdisziplinäre Hilfeplanung bei den besonders stark belasteten Jugendlichen nicht systematisch genutzt wird« (Schmid 2010a, S. 7). An diesem Sachverhalt hat sich auch in den letzten Jahren nichts verändert.

Ein Zusammendenken interdisziplinärer Wissensbestände erwiese sich also gerade in diesem Segment der Kinder- und Jugendarbeit als äußerst hilfreich, um umfangreiche und komplexe Netzwerke aus Aufträgen und Beziehungen zwischen Klientel, Familie, Betreuungsfachkräften, Heimgruppe, Jugendamt und weiteren Beteiligten im Hilfesystem sorgfältig und sensibel zu handhaben. Das »pädagogisch-therapeutische Milieu« als Begrifflichkeit, Phänomen sowie Praxismodell bewegt sich genau an dieser Schnittstelle zwischen Disziplinen und häufig stark voneinander abgegrenzten Theoriebeständen. Am Beispiel des »pädagogisch-therapeutischen Milieus« kann daher sichtbar gemacht werden, wie sehr sich ein Zusammendenken – von den theoretischen Wissensbeständen bis hin zu der Handlungspraxis vor Ort – lohnt, um fachlich qualifiziert arbeiten zu können.

Woher kommt das »pädagogisch-therapeutische Milieu«, und wie lässt es sich charakterisieren?

Nicht nur Gräben, auch zahlreiche Brücken

Der Graben zwischen den Disziplinen hat zwar eine lange Vergangenheit, aber in der Historie der Pädiatrie, Psychiatrie und Behindertenfürsorge gibt es auch zahlreiche Beispiele zur Integration und Konvergenz pädagogischen, psychologischen und medizinischen Denkens. So standen heilpädagogische Heime Pate bei der Gründung kinderpsychiatrischer Stationen, und einige für die Entwicklung der Kinderpsychiatrie bedeutsame Therapeutinnen kamen ursprünglich aus der Heimpädagogik und der Sozialen Arbeit (Überblick bei TRIESCHMANN u.a. 1969/1975). Knüpft man an historische Schriften wie beispielsweise PESTALOZZI (1801/2006), SALOMON (1926/2002) oder RICHMOND (1917, 1922) und zahlreiche Vertreter psychoanalytischer Pädagogik (vgl. DÖRR 2011) an, begann die Geschichte sozialwissenschaftlicher und pädagogischer Konzepte mit einem beachtlichen Engagement für multiproblembelastete Kinder und Jugendliche und einem hohen Anspruch an fachliche Standards in diesem Bereich.

»Therapeutische Alltagserziehung«

Die Begrifflichkeit des »therapeutischen Milieus« für den Kinder- und Jugendbereich, jedoch auch darüber hinaus, prägten insbesondere Bruno BETTELHEIM (1950/1970, 1964/1973, 1974/1990) und Fritz REDL (1971, 1978). Die These, dass alle Faktoren in der Lebensumwelt des Kindes auch therapeutische Auswirkungen haben und damit therapeutische Hilfen im natürlichen Lebensalltag des Kindes präsent sein müssen, besitzt bis heute hohe Bedeutung für die stationäre Kinder- und Jugendarbeit. Beide verbanden in ihrer Arbeit psychoanalytische Erkenntnisse mit pädagogischen Erfahrungen zu einer Art »psychotherapeutischer Erziehung« im Alltag.

Das Konzept des »therapeutischen Milieus«

Bruno Bettelheim (*1902 †1988), der bekannteste Pionier der Milieutherapie, entwickelte diese Behandlungsform als eine Form der Anwendung der Psychoanalyse für seelisch beeinträchtigte Kinder und Jugendliche unter Einbeziehung der Umwelt. In den 1940er-Jahren nach seiner Freilassung aus dem Konzentrationslager Buchenwald schuf er in der Sonia Shankman Orthogenic School in Chicago eine »milieutherapeutische Modellinstitution von internationaler Bedeutung« (KRUMENACKER 2001, S. 17). Unter »Umwelt«

wurde im Rahmen milieutherapeutischer Überlegungen neben der therapeutischen Beziehungsqualität auch das Ambiente von Gebäuden, Räumen und Ausstattungen gefasst, das einen schützenden und Halt gebenden Rahmen zu etablieren vermochte.
Fritz Redl (*1903 †1990), ein ebenfalls sehr bekannter österreichischer Pädagoge und Psychoanalytiker, entwickelte – parallel zu den Entwicklungen an der Orthogenic School und davon angeregt – das »therapeutische Milieu« zu einem vielfach rezipierten Konzept. Er widmet sich dabei insbesondere verhaltensauffälligen und psychisch beeinträchtigten Kindern aus Elendsvierteln in Detroit mit erheblichen und früh erworbenen Störungen, die im herkömmlichen Setting einer ambulanten oder stationären Psychotherapie nicht ausreichend behandelbar waren.
Nach der Kernthese des »therapeutischen Milieus« haben alle Faktoren in der Lebensumwelt des Kindes auch therapeutische Auswirkungen. Therapeutische Hilfen sollten damit nicht alleine auf die kurze Dauer von Einzel- oder Gruppentherapiesitzungen begrenzt bleiben, sondern im natürlichen Lebensalltag des Kindes präsent sein. Konzeptionell wird die größte Bedeutung dabei – ähnlich den Aussagen der Bewohnerinnen und Bewohnern in der Studie KATA-TWG – der Wirksamkeit menschlicher Begegnungs- und Beziehungssituationen beigemessen.

Impulse aus der Gemeindepsychologie und Sozialpsychiatrie

Mitte der 1960er-Jahre entwickelten sich aus verschiedenen Perspektiven Impulse für Reformen innerhalb der Psychiatrie (Goffman 1961/1972; Keupp 1987; Kardorff 2001/2005) – hier jedoch zunächst stärker im Erwachsenenbereich entlang spezifischer Störungsbilder, allen voran der Schizophrenie (vgl. insbesondere Ciompi 1985, 1982/1998). Im psychiatrischen Kontext wird den Begrifflichkeiten »Milieutherapie«, »therapeutisches Milieu« oder auch »therapeutische Gemeinschaft« häufig eine Gemeinschaft von Patienten mit vergleichbaren Störungsbildern zugeordnet. Die Klinik, aber auch andere stationäre und ambulante Kontexte werden dabei als ein »psychosoziales Ganzes« betrachtet, in der Therapie, Versorgung, Gruppenprozess und Administration eine Einheit bilden. Das Konzept beruht auf der Partizipation der Patienten in den unterschiedlichsten Bereichen und Rollen des gemeinsamen Alltags, einem lebendigen Austausch mit seiner Umwelt und ist von einem respektvollen Miteinander geprägt, in dem verschiedene Berufsgruppen interdisziplinär und auf Augenhöhe zusammenarbeiten (vgl. zur Schlüsselrolle der Sozialen Arbeit in diesem Gefüge Dörr 2005).

Verschiedene Ausformungen und Modelle der Sozialpsychiatrie (Überblick bei BRÜCHER 2005) beschreiben die Institution Psychiatrie als einen familienähnlichen Zusammenhang, in den Betreuende und Betreute gleichermaßen eingebunden werden und pädagogische und therapeutische Elemente eng miteinander verflochten sind. Hausregeln, ein strukturierter Tages- und Wochenablauf, die Teilnahme an bestimmten Gruppenaktivitäten und die Übernahme von häuslichen Diensten sind dabei ebenso elementar wie das interdisziplinäre Team, welches das »therapeutische Milieu« strukturierend, ausgleichend, animierend, reflektierend und betreuend gestaltet, um »psychisch kranken Menschen als sensible, kenntnisreiche und kompetente Experten/-innen des Alltags zu assistieren« (KARDORFF 2001/2005, S. 1443).

Impulse aus der Pädagogik

In der heutigen Zeit ist es um das »therapeutische Milieu« still geworden. Die Psychiatrie hat sich von sozialpsychiatrischen Ideen weitgehend zurückgezogen. Aktuell haben daher eher pädagogische und sozialarbeiterische Überlegungen diesen Faden aufgenommen. Ähnlich wie im »therapeutischen Milieu« soll das förderliche soziale Klima des »pädagogischen Milieus« als »biografisch verfügbarer sozialräumlicher und sozialemotionaler Kontext« (BÖHNISCH 1994, S. 222) Geborgenheit, Verlässlichkeit und gegenseitigen Respekt bereitstellen und damit Bewältigungs- und Gestaltungskompetenz fördern. Aus dem Alltagszusammenhang heraus können so Chancen eröffnet werden, innerhalb der Gemeinschaft biografische Verletzungen zu aktualisieren und schonend, im Rahmen eines geschützten aber realen Alltags neue, alternative Lebenserfahrungen zu machen (vgl. auch WINCKLER 1999; MOLLENHAUER 2004). BÖHNISCH (1994, S. 223 ff.; 2004/2008, S. 439 f.) formuliert dafür vier Dimensionen:

- In der personal-verstehenden Dimension geht es darum, die Kinder und Jugendlichen umfassend in ihrem Milieubezug zu akzeptieren und zu verstehen. Durch die Bildung eines »neuen Milieus« werden dem »alten Milieu« durch neue Räume, Anerkennung und neue Beziehungen Alternativen entgegengesetzt.
- In der aktivierenden Dimension erfolgt eine Akzentuierung auf den »Ressourcengehalt der ehemaligen und neu erfahrenen Milieus«.
- In der pädagogisch-interaktiven Dimension wird über den gemeinsamen Milieubezug Vertrauen und Sicherheit aufgebaut und ein positives Sozialklima geteilt.
- Die infrastrukturelle systemisch orientierte Dimension bildet den für die Arbeit nötigen Vernetzungs- und Strukturrahmen.

Die Zielsetzungen erinnern an den im »therapeutischen Milieu« stattfindenden gemeinsam gestalteten Alltag im Rahmen einer temporären Lebensgemeinschaft, in die alle therapeutischen Kräfte, die verschiedenen Angebote der Professionellen sowie die »Kraft der Gemeinschaft« in Form gegenseitiger Unterstützungsressourcen in den Gruppenprozess einfließen (Bion 1962/1990).
Aufgrund dieser unterschiedlichen historischen Verankerungen und einem heterogenen Gebrauch des Begriffes »therapeutisches Milieu«, jedoch auch verwandter Bezeichnungen wie »pädagogisches Milieu«, »Milieutherapie« »Therapeutische Gemeinschaft« etc. ergibt sich die Schwierigkeit, die Begrifflichkeit »therapeutisches Milieu« exakt zu beschreiben, die Inhalte der Milieutherapie zu definieren bzw. den Zuständigkeitsbereich genau zu definieren (Trieschmann u.a. 1969/1975). Gemeinsam ist allen Konzeptionen jedoch, dass das heilsame bzw. förderliche Geschehen im natürlichen Lebensalltag der Adressatinnen und Adressaten stattfindet. Damit wird der Tatsache Rechnung getragen, dass alle Faktoren in der Lebensumwelt des Kindes (therapeutische) Auswirkungen haben und Kinder und Jugendliche neben gezielten (therapeutischen) Angeboten viele Stunden pro Tag in der Alltagswelt einer Einrichtung verbringen. Begrifflich ist daher korrekter von einem »pädagogisch-therapeutischen Milieu« zu sprechen, zumal die Assoziation zum »therapeutischen Milieu« für viele Fachkräfte bei therapeutischen und nicht den Alltagshilfen verortet wird, also genau umgekehrt zur ursprünglichen Intention bei Redl (1971, 1978) und Bettelheim (1950/1970, 1964/1973, 1974/1990), das heilsame bzw. förderliche Geschehen im natürlichen Lebensalltag der Adressatinnen und Adressaten stattfinden und von dort aus seine Wirkung entfalten zu lassen. Die förderliche Wirkung haben auch aktuelle Jugendhilfestudien aufgezeigt (Arbeitskreis der Therapeutischen Jugendwohngruppen Berlin 2009; Gahleitner u.a. 2014)
Im Folgenden sollen die Inhalte des »pädagogisch-therapeutischen Milieus« kurz umrissen werden.

Das »pädagogisch-therapeutische Milieu« als Hilfe zur Selbsthilfe

Die Wurzeln des Milieubegriffs reichen zurück bis in philosophische Überlegungen über die Struktur der Alltagswelt und die Verfasstheit sozialer Milieus. Soziale Milieus können demnach aufgefasst werden als »alltagsweltliche Zusammenhänge«, die sich durch ständige Konstruktions- und Interaktionsprozesse der daran Beteiligten ständig neu herstellen (SCHÜTZ 1970/1971). »Milieu« entsteht sozusagen stets aktuell »vor Ort« (BRÜCHER 2005, S. 59) unter Beteiligung aller Angehörigen der jeweiligen Gemeinschaft.

Unter einem »pädagogisch-therapeutischen Milieu« kann man daher entlang KRUMENACKERS Überlegungen (2001, S. 18) »alle Bemühungen verstehen, die Umwelt, die eine Institution für die in ihr lebenden Kinder darstellt, so zu gestalten, dass sie ein Maximum an pädagogisch-therapeutischer Wirksamkeit entfaltet«. Das »pädagogisch-therapeutische Milieu« lässt sich somit als ein zusammenfassender Begriff für sämtliche Aspekte eines pädagogisch-therapeutischen Gesamtsystems verstehen (BECKER 2005), einer »demokratischen, repressionsarmen Lebensgemeinschaft von Erziehern und Kindern, die ihre Stabilität wesentlich durch die therapeutisch reflektierten personalen Beziehungen« (MÜLLER 1999, S. 406) erhält. Die gezielte institutionelle und räumliche Gestaltung bildet dabei ein geeignetes ästhetisches Umfeld, entscheidend ist jedoch das Gefüge zwischenmenschlicher Beziehungen zwischen Klienten und Professionellen.

Ausdrücklich geht es bei diesen Überlegungen jedoch um Beziehungsvielfalt, nicht um Beziehungsdyaden alleine. »Pädagogisch-therapeutisches Milieu« bedeutet daher nicht, dass eine Einrichtung lediglich begleitend Psychotherapie anbietet oder innerhalb des Angebots in Kooperationsbeziehungen ermöglicht und die restliche Arbeit, das »bisschen Alltag«, mit billigen und unausgebildeten Mitarbeitenden bestreitet, sondern eine fachkompetente Wahrnehmung der Jugendlichen durch das gesamte Team, also unter Einbeziehung professioneller Kompetenzbestände im Hinblick auf den Umgang mit Störungsbildern, Krisenanfälligkeiten, Dynamiken, jedoch auch Ressourcen und der subjektiven Perspektive der Jugendlichen selbst (GAHLEITNER u. a. 2005).

Demnach muss jede Intervention bzw. Interaktion therapeutisch wie auch auf den Alltag bezogen begründbar sein (ebd.). Fritz REDLS Forderungen (1971) nach Entwicklungsorientierung und Nachnährung entlang zentraler Grundbedürfnisse besitzen bis heute Aktualität. Die Alltags- und Umfeldorientierung zielt auf die Minimierung schädlicher Einflüsse unter Berücksichtigung subkultureller, sozioökonomischer und ethnischer Perspektiven. Eine Mischung aus Beziehungsorientierung und Strukturgebung im Alltag und eine grundsätzliche Flexibilität zeichnen den professionellen Umgang mit seelisch verletzten Kindern und Jugendlichen aus. REDLS (1971) Haltung, professionelle Hilfe als Vorbereitung auf das selbstständige Leben zu verstehen, und sein Ziel, sich selbst als Unterstützung überflüssig zu machen, findet sich auch in aktuellen Forderungen, in die Entwicklung der Kinder und Jugendlichen so viel wie nötig und so wenig wie möglich unterstützend einzugreifen und »Hilfe zur Selbsthilfe« anzubieten.

Fachkompetenter Umgang mit der Zielgruppe »Hard-to-reach«

Wichtig zum Verständnis des Konzepts des »pädagogisch-therapeutischen Milieus« ist die bereits historisch damit verbundene Zielgruppe der verhaltensauffälligen und psychisch beeinträchtigten Kinder und Jugendlichen. Für die stationäre Kinder- und Jugendarbeit heißt das oft, dass sie mit Klientinnen und Klienten konfrontiert wird, die nicht nur aus schwierigen Verhältnissen kommen und multiprobembelastet sind, sondern häufig auch von vorhergehenden Hilfeangeboten nicht profitieren konnten. Viele Kinder- und Jugendeinrichtungen scheitern an der Konzentration und Dichte besonders »schwieriger«, bisher erfolglos behandelter Fälle, die eine professionelle Unterstützung dringend benötigen, aber nicht über eine ausreichende Einbindung verfügen, aktuell als »Hard-to-reach-Fälle« (umfassend Labonté u. a. 2010) bezeichnet. So liegt nicht nur eine Herausforderung im Umgang mit einzelnen, bislang erfolglos behandelten Klienten, sondern auch in der Balance der sehr verschiedenen, individuellen Problemlagen. Der fachkompetente Umgang mit multidimensionalen Belastungen, Störungen und Hindernissen wird häufig zum Dreh- und Angelpunkt der tagtäglichen Arbeit, nicht nur im Setting begleitender Therapieangebote, sondern auch inmitten des Alltagsgeschehens.

Das »pädagogisch-therapeutische Milieu« in der stationären Kinder- und Jugendarbeit heute

»Viel Verständnis für die Nöte und Ängste unserer Bewohner ist ein entscheidender Faktor für die erfolgreiche Arbeit mit diesen jungen Menschen, die oft verzweifelt versuchen, sich ihren Platz in der Gesellschaft zu erarbeiten und dabei immer wieder spüren müssen, dass sie anders sind als viele andere Jugendlichen. ... Es ist daher wichtig, für diese komplizierten und oft schwer benachteiligten Jugendlichen kleine, besonders strukturierte und mit gutem Personalschlüssel ausgestattete Einrichtungen zu schaffen, die in der Lage sind, pädagogisch und therapeutisch angemessen mit den jungen Menschen zu arbeiten« (Girnth 1995, S. 163). Aus dieser Motivation entstanden im Umfeld der Bemühungen um die Enthospitalisierung psychisch kranker Erwachsener in den 1970er-Jahren eigenständige Angebotsformen auch für Kinder und Jugendliche,

u. a. heilpädagogische Kleinstheime oder Therapeutische Jugendwohngruppen, für die die Begrifflichkeit und Ausformung des – damals noch – »therapeutischen Milieus« auch aktuell Bedeutung beinhaltete und als Konzeptbestandteil diente (Jannicke 1998).
Befragt man ehemalige Bewohnerinnen und Bewohner aus diesem speziellen Angebotssegment heute als junge Erwachsene retrospektiv zu ihren Hilfeerfahrungen in stationären Einrichtungen, so nennen sie – ähnlich wie Erik im Einführungsfallbeispiel – als zentrales Qualitätsmerkmal ein eng geknüpftes Netz aus Bindungsbezügen, das durch eine angemessene Sozialisationsstruktur und fundiertes Fachwissen über die jeweiligen Problematiken hindurch gewebt wird.
Bindungsarbeit ist keineswegs, wie fälschlicherweise oft assoziiert, mit undifferenzierter Kuschelpädagogik gleichzusetzen. Bindungen bewirken ein Gefühl von Aufgehobensein auf der einen Seite und schaffen die Möglichkeit authentischer Nachsozialisation und pädagogischer Konfrontation auf der anderen Seite. Dies erfordert disziplinäre sowie methodische Vielfalt, verknüpft mit Systemkompetenz im Angebot der Einrichtung. Der gemeinsame Alltag mit der Gruppe oder mit Peerbeziehungen entfaltet seine Wirkung auf dem Boden dieses gesamten, aufeinander abgestimmten Schutzraumes und Betreuungsnetzwerkes. Auch (psycho-)therapeutische Angebote entwickeln sich in der Regel fruchtbar auf dem Boden dieses Beziehungsgefüges, seltener als Alternativangebot dazu. In Einrichtungen, in denen es gelingt, pädagogisches Handeln und therapeutisches Verstehen in Einklang zu bringen, kann das therapeutische Vertrauensverhältnis daher als Brücke zur realen Welt fungieren und auch im Betreuungsalltag und in der Außenwelt Beziehungs- und Veränderungsprozesse ermöglichen. Gelingt ein positives Zusammenwirken des Gesamtkontextes, so spielen Alltagserfahrungen und atmosphärisch positiv gestaltete Freizeitmomente aus der Perspektive der Jugendlichen die größte sozialisatorische Rolle in der Arbeit – sozusagen durch das vorhandene Netz von Beziehungs- und Dialogangeboten hindurch, wie Erik dies sehr anschaulich erzählt.

Zentrale Erfolgsfaktoren aus Sicht ehemaliger Bewohner

Als elementare Charakteristika im Rückblick auf die Betreuung lassen sich aus Sicht ehemaliger Bewohnerinnen und Bewohner daher für ein funktionierendes »pädagogisch-therapeutisches Milieu« folgende Aspekte herauskristallisieren:

- Bindungs- und Beziehungsorientierung im partizipativ geteilten Lebensalltag,

- dialogisch orientierte Fachkompetenz und personelle, disziplinäre wie methodische Vielfalt,
- psychosoziale Vernetzungskompetenz (lebenswelt- und umfeldorientiert, innerinstitutionell, interinstitutionell).

In den folgenden drei Kapiteln sollen diese Aspekte als Systematisierungshilfe für die »Bestandteile des pädagogisch-therapeutischen Milieus« dienen und jeweils eingehender erläutert werden. Dabei werden zur Veranschaulichung immer wieder Zitate der Studie Kata-TWG eingeflochten und zur besseren Systematisierung Theorieinhalt in vertiefenden Kästchen vermittelt. Danach werden Vorschläge zum konkreten Vorgehen in der stationären Kinder- und Jugendarbeit unterbreitet und an einem konkreten Fallbeispiel veranschaulicht. In einem Schlusskapitel werden die erarbeiteten Vorschläge zusammenfassend auf die aktuellen gesellschaftspolitischen Bedingungen hin reflektiert.

Bindungs- und Beziehungskompetenz im Betreuungsalltag

Alltag und Lebenswelt

Das »pädagogisch-therapeutische Milieu« einer Einrichtung findet »hauptsächlich in Situationen des wirklichen Lebens statt ... (beim Essen, Aufstehen, Schlafengehen, Spielen, Arbeiten und in allen anderen Sektoren des Alltagslebens) und nicht vorwiegend in besonderen Situationen« (Redl 1971, S. 42). Auch Jugendliche selbst, die mehrere Jahre in stationären Einrichtungen verbracht haben, schildern in erster Linie das unmittelbare und im Alltag stattfindende umfassende Betreuungsangebot als wirksam: »Na, ich würde sagen, dieses ganze Programm ... dieser ganze Aufenthalt dort, das Zusammenspiel mit den Erziehern, den Jugendlichen – insgesamt positiv. Man wurde gefördert«, drückt Claus das aus. Viele Jugendliche erleben erstmals eine angemessene Alltags- und Freizeitgestaltung, Kochsequenzen, Wochenendaktivitäten und dabei die Möglichkeit, positive Momente zu erleben. In diesem Alltag muss für die Jugendlichen »eindrücklich erfahrbar« werden, dass (Sich-An-)Vertrauen, Problemorientierung, Einsicht und Reflexion möglich sind. Auch wenn die damit verknüpfte Arbeit mühsam ist und schmerzhafte Erfahrungen nicht zu vermeiden sind, lassen sich Probleme konstruktiv lösen oder wenigstens verkleinern, können Kontakt und Beziehung nicht nur als bedrohlich, sondern auch als angenehm und hilfreich erlebt werden.

Einen nachsozialisierenden Rahmen schaffen

Von mehreren Jugendlichen und Betreuern wird z. B. die tragende Funktion einer innerhalb der Einrichtung tätigen Hauswirtschaftskraft als sehr hilfreich für die Bereitstellung eines nachsozialisierenden Rahmens genannt: »Also die Jungs, glaube ich, die gehen erst in die Küche und sagen ihr Hallo, bevor sie zu uns Betreuern kommen«, erzählt Dieter, ein Betreuer aus einer Wohngemeinschaft für sexuell straffällige Jungen. Auf diesem alltagsorientierten Boden kann die Förderung innerpsychischer, jedoch zugleich realitätsbezogener Entwicklungsprozesse Stück für Stück anwachsen.

Unterstützung brauchen Jugendliche dabei in der Regel bei der Bewältigung von inneren und äußeren Konflikten, der Herbeiführung von Klärungen familiärer Verstrickungen und bei der Integration in altersentsprechende schulische, berufliche und soziale Kontexte. Ein Zuviel an Versorgung und Unselbstständigkeit ist dabei zu vermeiden. Alltagspraktische Anforderungen wie z. B. der Umgang mit Behörden, mit Geld oder der Hausarbeit können sich – angemessen begleitet – auf diese Weise mit innerpsychischen Entwicklungsthemen fruchtbar verknüpfen.

Das »pädagogisch-therapeutische Milieu« findet im Alltag statt

In einem klar strukturierten Lebensalltag können Kinder und Jugendliche modellhaft erleben, dass mit Unterstützung durch das Team und die Gruppe eine nächste Entwicklungshürde zu bewältigen ist, die sich durch die Wirkungskraft eigener destruktiver Verhaltensweisen bisher nicht in erreichbarer Nähe befand (vgl. dazu das Konzept der Zone der nächsten Entwicklung von Vygotsky 1930/1978, S. 86; vgl. auch Fröhlich-Gildhoff 2013, S. 71–74). Gelingt das, erschließen sich neue Möglichkeiten, wie die Bewohnerin Bettina beschreibt: »Das Pädagogische halt war sehr im Alltag gewesen und ein Vorteil, weil die haben mit mir dann halt tagtäglich umgehen ... müssen, und ich habe mich dadurch ja auch selbst kennengelernt und gemeinsam auch Lösungen gefunden, in bestimmten Situationen zu reagieren.« In enger Kooperation mit Jugendämtern, Kliniken und Ärzten, Schulen, Ausbildungs- bzw. Arbeitsstätten und anderen zentralen Sozialisationsagenturen wächst unter aktiver Mitgestaltung der Kinder und Jugendlichen so langsam ein basales Vertrauen in einen zumindest teilweise gelingenden Alltag.

Von den Mitarbeiterinnen und Mitarbeitern muss diese Entwicklung Stück für Stück unterstützt werden: »Zu lernen, ein Selbstwertgefühl zu entwickeln ... Selbstvertrauen in die eigenen Fähigkeiten ... Schwächen und Stärken ... gespiegelt bekommen, wie sehen mich andere, was sehen sie in mir ... Reflexion ... und dann natürlich eben solche Sachen wie Unterstützung in Alltagsdingen ... also Auf-den-Weg-Bringen von Ausbildungsdingen ... Perspektiven entwickeln, Lebensperspektiven«, fasst Betreuerin Berit zusammen, was es dafür von professioneller Seite erfordert. An diesem Punkt wird deutlich, dass stationäre Kinder- und Jugendeinrichtungen zukunftsorientiert Hilfe zur Selbsthilfe leisten und einem zutiefst partizipativen Konzept verpflichtet sind (Kühn 2013 b). Für die Kinder und Jugendlichen entsteht so im günstigsten Fall eine Möglichkeit, auf einem sanften Weg wieder so etwas wie Normalität im Alltag zu erleben, sei es in der Schule, am Ausbildungsplatz oder auch in der Tagesklinik.

Die Bedeutung des Alltags ist kaum zu überschätzen. Verstehen und Handeln im Alltagsbereich sind pragmatisch orientiert, jedoch nicht – wie häufig in Vorurteilen geäußert – banal. Aus dem Zusammenleben im Alltag, den damit verknüpften sozialen Beziehungen, in denen man sich mit anderen auseinandersetzt, konstituiert sich interaktiv die Identität eines Menschen (KEUPP u. a. 1999). Außerdem gewähren Ordnungsmuster und Regeln im alltäglichen Leben Sicherheit und Entlastung. Rollen regeln die Überschaubarkeit über Machtstrukturen und Zuständigkeiten im Umgang der Menschen untereinander. Die Alltäglichkeit eines Menschen ist von Zuständigkeiten, Verantwortlichkeiten, Routinen, zusammenfassend von verschiedensten Deutungen des Alltags bestimmt (THIERSCH 2006). Der Alltag kann allerdings immer nur eine verlässliche Basis darstellen, bis neue Erfahrungen gemacht werden, die nicht in die alten Muster hineinpassen. Sobald ein Mensch sich in einer bis dahin unbekannten Situation wiederfindet, kann er diese nicht mit den bis dahin konstituierten Handlungs- und Deutungsmustern bewältigen. Es müssen also neue Lösungen gesucht werden, die dann wiederum neue Selbstverständlichkeiten ergeben. Kinder oder Jugendliche sind dabei mit ihren jeweiligen Auffassungen von sich und anderen in ständigem Austausch mit ihrer Lebenswelt. Dieser fortwährende Kreislauf beeinflusst das Handeln und Verhalten im Alltag die so genannte »Wirkwelt« (SCHÜTZ 1970/1971, S. 182). Hier können die Betreuer und Betreuerinnen ansetzen, indem sie Alltagsmöglichkeiten, die angelegt sind, aber nicht genutzt werden, offen legen und nutzen helfen.

Alltags- und Lebensweltorientierung

Der Begriff des Alltags und der Lebenswelt reicht weit zurück in Felder der Soziologie und Philosophie (vgl. u. a. Texte von HUSSERL 1901/1985, 1929/1986, SCHÜTZ 1970/1971 sowie BERGER & LUCKMANN 1966/1969). Als »Wirklichkeitsbereich, an dem der Mensch in unausweichlicher, regelmäßiger Wiederkehr teilnimmt« (SCHÜTZ & LUCKMANN 1979/2017, S. 29) bietet er zahlreiche Anknüpfungsmöglichkeiten für die psychosoziale Arbeit. Hilfreich für die Praxis der stationären Kinder und Jugendarbeit ist eine Strukturierung der Begrifflichkeit »Alltag« von Hans THIERSCH (2006) in zwei Aspekte: in die »Verstehens- und Handlungsmuster im Alltag« (S. 21) und in »konkrete Lebensfelder, in denen Alltäglichkeit sich darstellt« (ebd.), wie das Heim, die Familie, die Schule oder der Arbeitsplatz. Sich im Bereich psychosozialer Arbeitsfelder auf den Alltag einzulassen, bedeutet, die verschiedenen Dimensionen des

Alltags für die Betroffenen zu kennen, situativ wahrzunehmen und dort, »wo es nachgefragt wird, sie in ihren eigenen Möglichkeiten beraten und unterstützen« (ebd., S. 50) zu können. Die Alltagswelt ist demnach keine »private Welt«, sondern immer schon eine »vorgefundene« und damit soziale Welt (Berger & Luckmann 1966/1969).

Hier setzt stationäre Kinder- und Jugendarbeit unmittelbar und wirksam an, indem sie als Sozialisationsinstanz an der Herausbildung und Veränderung zentraler Dimensionen des Alltags und Umgangsformen mit dem Alltag beteiligt ist. Das pädagogische Milieu unterscheidet dafür eine personal-verstehende, eine pädagogisch-interaktive beziehungsorientierte, eine aktivierende ressourcenorientierte und eine infrastrukturelle systemisch orientierte Dimension, innerhalb derer mit den Kindern und Jugendlichen gearbeitet und interveniert werden kann. Allerdings umfasst der Lebensalltag bei allen Systematisierungsversuchen – auch in stationären Einrichtungen – ein »buntscheckiges, widersprüchliches Gemenge« (Thiersch 2006, S. 25), und es bestehen viele manchmal schwer voneinander abgrenzbare Möglichkeiten, den Alltag mitzugestalten und die Bildung von Ressourcen zu fördern.

Im Zentrum des Alltags stehen Wahrnehmungs-, Interaktions- und Kommunikationsprozesse. Gerade bindungsbeeinträchtigte Kinder und Jugendliche benötigen hier entwicklungsunterstützende Impulse. Um dieses Ziel zu erreichen, müssen sie von Fachkräften der stationären Kinder- und Jugendarbeit in ihrem eigenen – subjektiv geprägten – Lebensraum verstanden und bei der Problembewältigung unterstützt werden. Alltag und Lebensfelder einer stationären Einrichtung werden hier wie zu einem Medium, einem »Zwischenraum«, für Veränderungsprozesse (Schubert 1993). Aufgaben im Alltag anzugehen, die meist als »alltäglich und damit banal« angesehen werden, jedoch starken sozialisatorischen Charakter haben, zählt damit zu den Kernaufgaben stationärer Kinder- und Jugendarbeit.

Dazu gehört auch der Respekt vor den Erfahrungen, Interpretationen, Lösungsstrategien und Ressourcen, so wie sie in den jeweils biografisch gegebenen Lebenslagen und Bezügen entstanden sind. Professionelles Können zu nutzen, um auf dieser Verständnisbasis informiert Alltagsprobleme strukturieren und bearbeiten zu helfen, aber auch einfach Belastungen an der Seite von Kindern und Jugendlichen aushalten zu können, macht Konzepte stationärer Institutionen zu einer konkreten Chance: Alltagsmöglichkeiten, die angelegt sind, aber nicht genutzt werden, anzuregen und besser organisieren zu helfen. Auf diese Weise will »alltagsorientierte Sozialpädagogik ... einen gelingenderen Alltag« (Thiersch 2006, S. 48) herstellen helfen.

Bindung und Beziehung

Das »pädagogisch-therapeutische Milieu« überlässt nichts dem Zufall

Die Arbeit im Alltag und der Lebenswelt ist – wie soeben deutlich wurde – eine verfängliche Angelegenheit. Allzu oft ist damit die Vorstellung verbunden, dafür benötige es keine spezifischen Qualifikationen, Kompetenzen und Fertigkeiten, das »ergebe sich von alleine«. Bruno BETTELHEIM (1990/1993) jedoch beschreibt die Anforderungen an eine fachlich-qualifizierte Arbeit völlig anders: »Das therapeutische Milieu sollte so angelegt sein, daß es nichts dem Zufall überläßt; es sollte durch sorgfältige Planung und Forschung eine gesunde Integration der Persönlichkeit bewirken« (S. 240). Für die Jugendlichen geschieht das Anvisieren solcher »alternativen Erfahrungen« nämlich zunächst keineswegs »von alleine«, sondern sie erleben es – ganz im Kontrast dazu – als verstörend und ungewohnt. Der Verlust der Selbstwirksamkeit durch frühe Negativerfahrungen mündet häufig in eine Form schicksalsergebener Resignation, aus der die Jugendlichen erst wieder »herausgeholt« werden müssen (GAHLEITNER & SCHLEIFFER 2010; KORMANN & SAUR 2008). Der Bewohner Claus fühlte sich zu Beginn nahezu ein Stück weit irritiert: »Sie waren halt als Betreuer oder als Bezugspersonen für einen da gewesen, mit denen man sich auch normal unterhalten konnte, was ich dann auch fast ein bisschen komisch fand, schwer für mich anzunehmen.«

Beziehungs- und Dialogangebote in der Lebenswelt sind die Erfolgsfaktoren

Die Bereitstellung dieses für die Jugendlichen veränderungsrelevanten und in Alltagssequenzen wirksamen Angebots realisiert sich als nachsozialisierender Rahmen zwar inmitten der Lebenswelt der Jugendlichen, jedoch gezielt durch ein vorhandenes positives Netz von Beziehungs- und Dialogangeboten hindurch. Die Lebensweltorientierung ist daher ein wichtiger und bedeutsamer Anteil, funktioniert in stationären Einrichtungen der Kinder- und Jugendarbeit aber nur mithilfe einer – für die Adressatinnen und Adressaten häufig mühsam völlig neu zu erwerbenden – Bindungs- und Vertrauensbeziehung. Die Lebensweltorientierung muss daher durch eine nach innen weisende, beziehungsorientierte, dialogische Komponente ausgestaltet werden, die die Qualität der psychosozialen Hilfe, letztlich den Kern des »pädagogisch-therapeutischen Milieus« ausmacht. Diese beziehungsorientierte Komponente muss wiederum innerhalb der Lebenswelt verortet sein, sie realisiert sich – häufig implizit – inmitten dieser Lebenswelt durch vorhandene positive Beziehungsangebote »hindurch« (GAHLEITNER 2010). In seinen Ausführungen zum »pädagogischen Bezug« beschreibt Herman

Nohl (1973) diese hochsensible Konstellation als »das leidenschaftliche Verhältnis eines reifen Menschen zu einem werdenden Menschen, ... dass er zu seinem Leben und seiner Form komme« (S. 39; vgl. auch Colla 1999; vgl. auch nochmals die pädagogisch-interaktive Dimension des pädagogischen Milieus bei Böhnisch 1994).

Bei der Frage nach Einflussfaktoren auf einen positiven Entwicklungsverlauf der Kinder und Jugendlichen kommen Betreuer häufig auf diesen Erfahrungshintergrund zu sprechen: »Beziehung ist ein Wirkfaktor«, sagt Dieter spontan. »Genau, in dem Zusammenhang übrigens«, berichtet Charlotte, »habe ich angefangen, mich mit der Bindungstheorie (siehe Vertiefungsexkurs weiter unten) zu beschäftigen ... also, ich denke, dass das ... auch etwas ganz Wichtiges war.« Sie spricht in der Folge mehrere wichtige Bestandteile der konkreten Wirkung von Beziehung in der Arbeit mit den Jugendlichen vor Ort an: »So haben wir unser Angebot auch extra gestrickt, auch mit diesem Bezugsbetreuungssystem ... also auch so'n Stück nachbeeltert werden und korrigierende Beziehungserfahrungen machen können ... das ist eine große Ressource, die wir bieten, die Bezugsbetreuung, die also schon sehr individuell dann auch arbeitet.« Dieses Beziehungsangebot erfolgt jedoch nicht »frontal«, sondern, um die treffenden Worte von Charlotte zu verwenden: Sie »geschieht«. In winzigen Alltagssequenzen, Dialogsequenzen »kann man ins Gespräch kommen, muss aber nicht«.

Desorganisation entgegenwirken, Alternativerfahrungen ermöglichen

Der Betreuungsalltag, die »Begegnung«, die »geschieht« (Buber 1923/1983, S. 19), beeinflusst auf diese Weise die in den Jugendlichen destruktiv-manifestierte Erfahrungsstruktur. Gemeint sind die desorganisierten Bindungsstrukturen, Bindungsstörungen oder auch schlecht ausgebildeten emotionalen und kognitiven Schemata. Eine Grundhaltung von Respekt, Authentizität und Wertschätzung im Alltag scheint dafür als gezielter Gegenpol sehr wichtig zu sein: »Wichtig ist, dass man sauer sein kann, aber dass sie merken, ich nehme sie trotzdem an, ich werte sie nicht ab ... wenn sie spüren, dass du ... das nicht ernst meinst ... das merken sie, und da hast du dann keine Chance«, sagt Dieter, ein Betreuer. Das klingt einfach, bedeutet aber bei vorliegender desorganisierter Struktur ein fachlich-qualifiziertes, adäquates »Gegensteuern«. Dieses Unterfangen kann auch schief gehen. Die Zerrissenheit kann sich bei nicht fachgerechtem Umgang damit bis in die Hilfestruktur fortsetzen, wodurch es zu desorganisierten Hilfebeziehungen kommt (Schleiffer & Gahleitner 2010).

Bindung als Vorausetzung für Bildung und Erziehung

Zu Beginn des 20. Jahrhunderts stieß John Bowlby (*1907 †1990) bei der Behandlung schwer traumatisierter Kinder und Jugendlicher immer wieder auf frühkindliche Defizite und Traumata. Aus diesen Erkenntnissen entwickelte er die Bindungstheorie als eine Theorie zum Verständnis der lebensnotwendigen sozialen Erfahrungen eines Menschen (WHO-Studie 1951/1973; Trilogie »Attachment; Separation; Loss« 1969/2006, 1973/2006, 1980/2006). In Situationen von Verunsicherung wird demnach das Bindungsverhalten aufgrund einer evolutiv vorgegebenen Bindungsneigung aktiviert. Ist das Sicherheitsbedürfnis gestillt, kann das Kind »explorieren«, spielen, sich weiterentwickeln. Die Abwesenheit stabiler Bindungspersonen behindert dagegen dieses »Explorieren« und damit die Entwicklung sämtlicher emotionaler, kognitiver und sozialer Fähigkeiten.

Um eine stabile Bindung zu ermöglichen, müssen Fürsorgepersonen – keineswegs nur biologische Eltern oder alleine die Mutter – erfahrener sein und die Signale des Kindes richtig wahrnehmen, interpretieren sowie prompt und angemessen beantworten (Konzept der Feinfühligkeit; Ainsworth u. a. 1974). An der Art, wie Fürsorgepersonen sich dem Kind anbieten, unterscheidet man verschiedene Bindungstypen (Ainsworth & Wittig 1969): Verhalten sich die zentralen Bindungspersonen dem Säugling und Kind gegenüber »feinfühlig«, so entsteht eine sichere Bindung, die von Vertrauen, Gegenseitigkeit und Kontinuität geprägt ist. Eine frühe und stabile Bindung steht Kindern dann als sichere Basis und Grundstruktur für die gesamte weitere Entwicklung zur Verfügung. Reagiert die Bindungsperson mit Distanz auf Bindungsbedürfnisse, ist die Wahrscheinlichkeit hoch, dass beim Säugling eine unsicher-vermeidende Bindung entsteht. Beantwortet die Bindungsperson die Signale manchmal emotional zugewandt, häufig aber auch mit Zurückweisung oder Aggressivität, entwickelt sich eine unsicher-ambivalente Bindung.

Die Bindungstypen sind jedoch nicht absolut, sondern relativ zu verstehen, also als jeweilige »Bindungsanteile« oder auch »konstruktive Bewältigungsversuche mit den vorgefundenen Bedingungen«. In vielen Fällen früher und anhaltender Traumatisierung jedoch wird der Zugang zu diesem existenziellen Grundbedürfnis gerade durch jene Menschen zerstört, von denen das Kind am stärksten abhängig ist und von denen es Liebe und Vertrauen benötigt. Im Gegensatz zur Entstehung einer »sicheren Bindungsbasis« in den ersten Lebensjahren erleben diese Kinder ohne einen »sicheren Hafen« eine bedrohliche Double-Bind-Situation: einerseits das existenzielle Bedürfnis, sich der Bezugsperson zu nähern, andererseits das Erleben, dort nicht sicher oder gar bedroht zu sein. Dies hinterlässt beim Kind einen unlösbaren Bindungskonflikt. Fatalerweise führt dies jedoch zu einer noch verzweifelteren Suche nach Bindung – ein Teufelskreis, der impliziert, dass solche Kinder häufig eine starke, aber äußerst destruktive Bindung entwickeln (Grossmann & Grossmann 2012/2017).

Die Stärke des Bindungsverhaltens ist daher nicht gleichzusetzen mit der Sicherheit, die daraus entsteht. Ein sicher gebundenes Kind kann auf die Bindung so stark vertrauen, dass das Bindungssystem nur geringfügig aktiviert ist. Für misshandelte Kinder besteht dagegen dauernder »Feueralarm«, der sich auch physiologisch niederschlägt. Anstelle einer frühen positiven Bindungserfahrung, die zentrale Orientierungspunkte schafft, ist das im sozialen Nahraum traumatisierte Kind seinen Bezugspersonen völlig hilflos ausgesetzt und sucht häufig sogar aktiv nach weiterem Kontakt mit ihnen. Dies kann zur Ausbildung eines anteilig »desorganisierten Bindungsmusters« oder einer manifesten Bindungsstörung führen, häufig ein Vorläufer für spätere psychische Erkrankungen (Brisch 2009).

Die daraus resultierenden Extremzustände bewirken Veränderungen bis hinein in den Körper und das Gehirn und prägen damit auch biologisch die zukünftige Lebensrealität (Kolk u.a. 1999). Daraus entstehen komplexe Entwicklungsstörungen auf der physischen, psychischen und sozialen Ebene. Das verletzte, emotional überforderte und stark desorganisiert gebundene Kind entwickelt häufig Probleme, sich selbst und andere angemessen wahrzunehmen und zu regulieren, einen realistischen Selbstwert und Selbstwirksamkeitserwartungen zu entwickeln, Probleme mit Emotionen sowie eine verzögerte kognitive Entwicklung (Crittenden 1995). Bei Versuchen, neue Beziehungen einzugehen, wiederholt sich häufig die Enttäuschung, da es an konstruktiven Bindungsmustern und Abgrenzungsfähigkeiten fehlt.

Die Bindungstheorie gibt damit nicht nur Antworten auf Fragen zur frühen Kindheit. »In jedem Alter sind Bindungsgefühle und Bindungsverhalten eng mit der gesamten Entwicklung verbunden, mit der Entwicklung von Denken, Planen, Wollen, der Entwicklung der Selbständigkeit, der Selbstkontrolle und ... der sozialen Fähigkeiten« (Grossmann & Grossmann 2012/2017, S. 24). Alle Bindungserfahrungen nehmen damit Einfluss nicht nur auf die momentane Situation, sondern den gesamten Lebensverlauf (Hopf 2005) – bis hin zu Voraussetzungen für die Einwirkungsmöglichkeiten späterer sozialer und professioneller Unterstützung (Überblick bei Gahleitner 2009). Man kann es mit Martin Buber auch ganz kurz fassen: »Beziehung erzieht« (1966, S. 89) – oder noch präziser und aktueller mit Joachim Lask: »Erst Beziehung, dann Erziehung!« (2015, S. 5; vgl. vertiefend Drieschner 2011).

Veränderungsrelevante Momente

Wie aber »wirkt« dieses qualifizierte bindungsorientierte »In-Beziehung-Gehen«, dieses »Anknüpfen an den jeweiligen Beziehungsstatus nun genau? Im optimalen Fall entwickeln sich Kinder und Jugendliche Stück für Stück, von Alltagsszene zu Alltagsszene, in den für sie zunächst ungewohnten Betreuungsalltag hinein. Der Betreuungsalltag beeinflusst dabei auf implizitem Wege die bisherige Erfahrungsstruktur, die sich durch die Biografie bis hinein in neurophysiologische Strukturen destruktiv gestaltet. Erst auf einer neuen alternativ angelegten Struktur aufbauend können explizitere Interventionsangebote gemacht werden. »Pädagogisch-therapeutisches Milieu« bedeutet daher, neue Aktivationsmuster im Gehirn zu ermöglichen. Der Bewohnerin Bettina zum Beispiel fehlten beim Einzug in die Einrichtung zentrale Erfahrungen von Alltagsstruktur, Zugehörigkeit und Sozialisation. Sie resümiert ihre Zeit dort: »Ich musste lernen ..., dass es halt gute Menschen gibt, die mir halt wirklich helfen wollen, das war auch so'n Schwierigkeitsgrad am Anfang, dass ich irgendwie noch nicht ganz realisiert hatte, ... dass sie mir nichts tun ... Das funktionierte dann auch ... so nach einer Weile dann bin ich ruhiger geworden.«

Die Bewohnerin Alina, Tochter von Eltern mit einem Migrationshintergrund, erzählt, wie ihre Bezugsbetreuer ihr über ihre Startschwierigkeiten beim Übergang von der Klinik in die Einrichtung hinweggeholfen haben: »Da haben Albert und Anja sehr viel Zeit mit mir verbracht ... sehr viel Halt gegeben ... das war so der Anfang.« Damit waren für sie dann die Würfel für den Start in ein Vertrauensverhältnis und für das Gelingen des Aufenthaltes insgesamt gefallen, obwohl sie anfangs »da gar nicht hin wollte.« Der später anstehende Betreuungswechsel wird auf Basis dieser Vorerfahrung für Alina schwierig, aber möglich, erzählt ihre Betreuern Alexandra. Die »ersten Monate waren ziemlich mühsam«. Eine gemeinsame Reise mit vielen positiven Alltagssequenzen bot für Alexandra die Möglichkeit, auf Alina zuzugehen: Danach schrieb Alina ihr einen wunderschönen Brief: »Da fing unsere Beziehung an«, erzählt Alexandra – bis heute davon sichtlich berührt.

Gelungene Interaktionen als neues Organisationsprinzip

»Ich würde sagen, ich habe es geschafft, meine Probleme abzulegen so weit – durch Einzelgespräche und dann Nachfragen, immer wieder Nachfragen«, berichtet Bewohner Claus. Besser lässt sich kaum beschreiben, was mit veränderungsrelevanten und an dieser Stelle auch therapeutischen Sequenzen innerhalb des Arbeitsalltages in einer Einrichtung gemeint ist, auch wenn es wichtig ist, den Alltagsraum vom therapeutischen Raum zu trennen. Fachlich qualifizierte Mitarbeiterinnen und Mitarbeiter können auf diese Weise im Alltag eine von fachlich weniger qualifiziertem Personal völlig unterschiedliche Arbeit leisten. Jugendliche, die weder reif genug noch gewillt sind, in eine vom Setting her viel starrere Psychotherapie einzusteigen, sind nur im Lebensalltag der Einrichtung für Veränderungsmöglichkeiten erreichbar – meist unter sehr impliziten Bedingungen. Die Wirksamkeit dieser Interventionen vollzieht sich zunächst unbewusst. Die zunächst vagen Sequenzen innerer Erfahrung können jedoch Stück für Stück im Sinne des Mentalisierungskonzeptes der Bindungstheorie ins Bewusstsein und schließlich auch in die Kommunikation und den gegenseitigen Dialog »geholt werden« bzw. dorthin gelangen: »Und dabei praktisch auch immer zwischen den Zeilen mitgeliefert viel Reflexionen ... also praktisch im Mitnehmen«, erklärt Charlotte dieses für die Arbeit mit Kindern und Jugendlichen elementare sogenannte »Mentalisierungskonzept«.

Mentalisierung: Der Umgang mit sich selbst und der Welt

Das Zentralnervensystem ist in den ersten Lebensmonaten und -jahren noch stark formbar und muss angemessen stimuliert werden, damit es später funktionieren kann (LeDoux 1996/1998). Man spricht dabei auch von »Aktivationsmustern des Gehirns« (Siegel 1999/2006). Zuwendung, Nähe und Körperkontakt »festigen den Bindungsprozess physiologisch« (Grossmann & Grossmann 2012/2017, S. 45). Werden emotional wichtige Erlebnissequenzen bereits früh von bedeutsamen Bezugspersonen empathisch unterstützt, so werden »innere Gefühlszustände ... für das Kind ›verfügbar‹« (ebd., S. 419). Parallel dazu wächst die Fähigkeit zur »sozialen Perspektivübernahme«. Idealerweise lernt das Kind dabei spielerisch und erkundend zielorientiertes und wirklichkeitsangemessenes Verhalten im Kontrast zu starrem und realitätsfernem Verhalten« (ebd., S. 30).

Über die Interaktion mit Bindungspersonen entwickelt der Säugling auf diese Weise allmählich »Arbeitsmodelle« zum Umgang mit sich und mit anderen Interaktionspartnern (Fonagy u.a. 2002/2004; Main u. a. 1985), man kann sie auch als verinnerlichte »Schemata von sich in der Welt« begreifen (Stern 1985/1992). Diese finden ihre Entsprechung auf neurophysiologischer Ebene (Spangler 2001). So entwickeln sich diese »Arbeitsmodelle« in ständiger Interaktion des Individuums mit seinem Umfeld zu »Bindungsrepräsentationen«. Angelehnt an die drei Bindungsqualitäten der Kinder unterscheidet man im Jugend- und Erwachsenenalter eine autonom sichere, eine unsicher-distanzierte und eine präokkupierte Bindungsrepräsentation (vgl. für eine Übersicht Hesse 2018). Die Muster geben jedoch nicht nur Auskunft über Beziehungsformen zu anderen Menschen, sondern über umfassende Schemata des Umgangs mit sich, anderen und der Welt.

Als wichtiger Faktor für die Herstellung und Aufrechterhaltung solcher »emotional korrigierenden Erfahrungen« gelten eine feine »Affektabstimmung« sowie das umgebende »affektive Klima« (Brisch 2009; vgl. auch Strauss 2006). Das Kind kann dann bei adäquaten Bedingungen eigene und die Emotionen anderer emotional wie kognitiv erfassen, immer mehr selbst darauf reagieren und entsprechend mitgestalten. Gelungene Interaktionen werden auf diese Weise zu einem grundlegenden Organisationsprinzip der gesamten emotionalen, sozialen und kognitiven Entwicklung. Werden die elementaren Bedürfnisse eines Kindes also erfüllt und die Entwicklungschancen »gut genug« gefördert, hat ein Kind gute Chancen, einen gesunden Selbstwert, Stabilität, Widerstandsfähigkeit und soziale Kompetenz zu entwickeln (Crittenden 1999). Ein negatives soziales Umfeld wird dagegen postwendend zum Risikofaktor. Diese beiden Prinzipien gelten jedoch lebenslang; und das innere Gefüge ist lebenslang – wenn auch mit dem Älterwerden weniger leicht – veränderbar (vgl. abermals Drieschner 2011).

Auch aus der Psychotherapie- und Beratungsforschung sowie aus der Forschung zu sozialer Unterstützung ist bekannt, dass qualifizierte Beziehungsarbeit sowie eine gute Einbettung in alltägliche soziale Netzwerke den Erfolg professioneller Begleitung maßgeblich beeinflussen (z. B. Grawe 2004; Orlinsky u. a. 1971; Nestmann 2010). Gerade auf der Suche nach Hilfe wird das bestehende Bindungssystem von Kindern und Jugendlichen hochgradig aktiviert. Helfende Beziehungen sind daher grundsätzlich Bindungsbeziehungen. Sind Professionelle mit Phänomenen von Bindung, sozialer Unterstützung sowie eventuellen Störungen und Beziehungstraumata vertraut, können sie adäquat darauf eingehen.

Stück für Stück arbeiten Betreuerinnen und Betreuer auf eine Rekonstruktion des Weltbildes und der Modelle der Kinder und Jugendlichen von sich selbst und anderen hin, sodass diese besser mit Umweltanforderungen umgehen können und sich ihr »Bezugssystem jeweils um Nuancen erweitert« (Finke 2004, S. 4). Helfende Professionen sind aus dieser Perspektive »im Sinne der Bindungstheorie für das Reparieren und das Anknüpfen an die unterbrochene Kommunikation zuständig« (Döring 2004, S. 196), eine Grundhaltung, die am stärksten in den humanistisch-personzentrierten Ansätzen ausformuliert wurde (vgl. insbesondere GwG Akademie 2007; Wakolbinger u. a. 2011). Donald W. Winnicott (1958/2020) prägte dafür den Begriff des »Holding Environment«. Das Konzept lässt sich gut zu der »sicheren Basis«

von John Bowlby (1988/1995), dem »Konzept der Feinfühligkeit« von Mary D.S. Ainsworth und Barbara A. Wittig (1969), der »mütterlichen Einstimmung« von Daniel Stern (1985/1992) und Carl R. Rogers' Grundmaximen (1959/2007) in Beziehung setzen.

Qualität in der stationären Kinder- und Jugendarbeit bedeutet »schützende Inselerfahrungen« herstellen

Als Resümee aus den dargelegten Betrachtungen und Vertiefungsinhalten lässt sich schließen, dass die Bereitstellung eines bindungssensiblen sozialisatorischen Rahmens, der Halt, Schutz und Alternativerfahrungen bietet – auch gegen Drogen, Reviktimisierungen und gegen die starken Tendenzen zur Selbstdestruktion –, einen wichtigen Schlüssel für die Arbeit in der stationären Kinder- und Jugendarbeit darstellt. Eine »schützende Inselerfahrung« (Gahleitner 2005 a, S. 63) inmitten des Alltags und der Lebenswelt der Kinder und Jugendlichen bereitzustellen, die jeweils passfähig an einer Zukunftsperspektive mit allen zugehörigen administrativen sowie vernetzungsintensiven Tätigkeiten arbeitet, kann konstruktive Entwicklungsprozesse befördern helfen. »Dieses Containment«, betont Betreuerin Charlotte: »Dass das alles gesehen wird und zusammengehalten wird ..., also die Möglichkeit, bei uns korrigierende Erfahrungen machen zu können, ... die sie vorher nicht bekommen haben ... ein sicherer Rahmen für solche Experimente.«

Das ist jedoch nur möglich, wenn die Beziehungsarbeit auch fachlich mit dem Wissen über Störungsbilder und Problemlagen unterfüttert ist, welches man zum Verständnis der Symptomatiken, die im Betreungsalltag auftreten, braucht. Ein wesentlicher Problem- und Störungskontext in Einrichtungen der Kinder und Jugendarbeit sind traumatische Erfahrungen der Kinder und Jugendlichen. Innerhalb der Traumapädagogik und Traumaberatung nimmt die Bindungs- und Beziehungsarbeit seit jeher einen zentralen Stellenwert ein. In den gemeinsam von der Bundesarbeitsgemeinschaft (BAG) für Traumapädagogik und der Deutschsprachigen Gesellschaft für Psychotraumatologie (DeGPT) entwickelten Mindeststandards für die Weiterbildung zu Traumapädagoginnen und -pädagogen bzw. Beraterinnen und Beratern für Psychotraumatologie wird

Stabilisierungsarbeit sowohl individuell als auch milieuspezifisch verstanden (die Entwicklungen der Mindeststandards für Einrichtungen der Kinder- und Jugendhilfe lassen sich auf der Website BAG Traumapädagogik verfolgen: www.traumapaedagogik.de/bag). Zur Weiterbildung gehören Bindungs- und Beziehungsaspekte ebenso wie Übungen zur emotionalen und kognitiven Selbstregulation sowie Umfeldaspekte und institutionsübergreifende Vernetzungsaspekte. Die Möglichkeit, über dieses Fachwissen eine höhere Betreuungsqualität in Einrichtungen der Kinder- und Jugendarbeit zu erreichen, soll das Thema im nächsten Kapitel sein.

Traumasensibilität als zentrale Problem- und Fachkompetenz

Komplexe Störungen fachkompetent wahrnehmen

Deutlich wurde in den vorausgegangenen Kapiteln: Ein »pädagogisch-therapeutisches Milieu« bedeutet nicht, dass eine Einrichtung lediglich begleitend Psychotherapie anbietet oder innerhalb des Angebots in Kooperationsbeziehungen möglich macht, sondern einen professionellen Umgang mit Störungsbildern, Krisenanfälligkeiten, Dynamiken einerseits und Ressourcen und Zielen der Jugendlichen andererseits. Über die Hälfte der Kinder und Jugendlichen in stationären Einrichtungen hat eine Kette belastender Lebensereignisse erfahren. Der fachkompetente Umgang mit diesen Belastungen, Störungen und Hindernissen wird häufig zum Dreh- und Angelpunkt der tagtäglichen Arbeit, keineswegs nur im Setting begleitender Therapieangebote, sondern auch inmitten des Alltagsgeschehens (Gahleitner u.a. 2005).

Psychosoziale Fachkräfte übernehmen den weitaus größten Anteil an der Traumaversorgung

Informationen über Trauma und andere relevante Störungsbilder als ein zentraler Wissens- und Kompetenzbestand haben daher im Rahmen der Betreuung von Kindern und Jugendlichen stark an Bedeutung gewonnen. Betrachtet man die Versorgung insgesamt, so gestalten psychosoziale Fachkräfte aus dem Bereich der Sozialen Arbeit und (Heil-)Pädagogik – besonders im Bereich stationärer Einrichtungen der Kinder- und Jugendarbeit – den weitaus größten Anteil der Traumaversorgung. Das gilt insbesondere im Bereich komplexer Problemlagen, bei denen sich die Traumaproblematik mit anderen Störungen, Problematiken und sozialen Benachteiligungsaspekten vermengt. Nicht immer jedoch drückt sich diese Versorgungsrealität im Selbstverständnis der Fachkräfte aus (Gahleitner & Schulze 2009). Was fehlt, sind klar zuzuordnende Konzepte und ein fachliches Selbstbewusstsein und Selbstverständnis in »Psychosozialer Traumatologie« (ausführlich Schulze u.a. 2012).

Für die Arbeit in stationären Einrichtungen ist es inzwischen jedoch Alltagsrealität, dass die Kinder und Jugendlichen dort in aller Regel an mehr als einer Krankheit oder Problematik leiden. Stationäre Kinder- und Jugendarbeit muss daher dem Umstand Rechnung tragen, dass jedes Kind – insbesondere im Kontext multipler Entwicklungsstörungen – fortwährend vor der Aufgabe steht, auf dem Hintergrund seiner bisher entwickelten psychischen Struktur und seiner aktuellen psychosozialen Situation die jeweiligen Veränderungen seiner Lebenslage psychisch zu verarbeiten. Diese Herausforderung lässt sich nicht »aus dem Bauch heraus« lösen, sondern erfordert gezielte Arbeit an der jeweilig spezifischen Passung und interdisziplinären Kooperation. Dafür benötigt es bei allen dort arbeitenden Berufsgruppen ausreichende Fachkenntnisse – auch der jeweils angrenzenden Arbeitsbereiche, damit für die konkrete Fallarbeit divergente Dimensionen miteinander in Beziehung gesetzt werden können.

Für eine qualitativ hochwertige psychosoziale Arbeit in stationären Einrichtungen müssen die Fachkräfte die Kinder und Jugendlichen daher traumasensibel verstehen und ihnen gegenüber traumasensibel handeln können. Häufig geschieht das aufgrund langjähriger Erfahrung implizit, für eine gezielte, selbstbewusste Fachlichkeit benötigt es jedoch eine klare Verortung im und eine stetige Auseinandersetzung mit dem interdisziplinären Fachdiskurs. Im Folgenden soll eine Begriffsklärung und Charakterisierung traumatischer Belastungen erfolgen. Anschließend werden Grundlagen zum Verständnis der Bewältigung traumatischer Erfahrungen vorgestellt, um entlang dieser Erkenntnisse psychosoziale Unterstützungsarbeit in diesem Bereich fachkompetent gestalten zu können.

Fachkräfte müssen traumasensibel verstehen und traumasensibel handeln können

Traumafolgestörungen

Bei allen interviewten Jugendlichen der Studie KATA-TWG z.B. hatten die verfestigten Symptomatiken dazu geführt, dass die Problemlösungsmöglichkeiten der Familien bzw. anderer betreuter Wohnbereiche, in denen sie zuvor lebten, überfordert waren. Die Erfahrung, beim Übergang in andere Einrichtungen »durch das Netz zu fallen« und viele Abbrüche zu erleben, teilt Erik mit einer Reihe weiterer Jugendlicher. Für die häufig sehr komplexen Problemlagen mit vielen Einzelsymptomen wird im Kinder- und Jugendbereich in den letzten Jahren zunehmend die sogenannte »Traumaentwicklungsstörung« oder »Traumafolgestörung« diskutiert, die sich durch eine Breitbandsymptomatik auszeichnet (Schmid u.a. 2010). Was ist das jedoch überhaupt, ein Trauma, und wie lässt es sich begrifflich fassen?

Traumasymptome

Der Begriff »Trauma« ist nicht leicht zu fassen. Versteht man nach Fischer und Riedesser (1998/2009) Trauma als ein »vitales Diskrepanzerlebnis zwischen bedrohlichen Situationsfaktoren und individuellen Bewältigungsmöglichkeiten« (S. 79), das die Grenzen der Belastungsfähigkeit weit übersteigt, umreißt man damit einen immer noch kaum überblickbaren Bereich von Ereignissen und Lebenssituationen. Ein Trauma geht i.d.R. mit der Erfahrung von ohnmächtigem Kontrollverlust, Entsetzen und (Todes-)Angst einher. Traumatische Erfahrungen können zu einer traumatischen Reaktion führen, die nach dem internationalen Klassifikationsschlüssel für psychische Störungen (ICD-10) als »Posttraumatische Belastungsstörung (PTBS)« oder »Post-Traumatic-Stress-Disorder (PTSD)« bezeichnet und mit der Nummerierung F43.1 verschlüsselt wird (Flatten u.a. 2004; WHO 2011). Die Symptome zeigen sich in drei Bereichen:

- Intrusive Symptome, d.h. Betroffene werden unfreiwillig immer wieder vom Erleben der traumatischen Erfahrung überflutet;
- konstriktive Symptome, die durch psychische Erstarrung oder nachhaltiges Vermeidungsverhalten gekennzeichnet sind, und
- das sogenannte Hyperarousal, das sich in unnatürlich erhöhter Erregung zeigt.
- In der intrusiven Symptomatik wird das traumatische Ereignis durch ständig wiederkehrende und eindringliche »Erinnerungen« an das Ereignis wiedererlebt. Intrusionen können Bilder, Gedanken oder Sinneswahrnehmungen umfassen und sind nicht im eigentlichen Sinne Erinnerungen, da man sie nicht bewusst zu steuern vermag. Häufig kommt es dabei zu einem Handeln oder Fühlen, als ob das traumatische Ereignis wiederkehrt (sogenannte Flashbacks) oder zur Reinszenierung solcher Ereignisse. Die Intrusionen gehen mit intensiven psychischen und physischen Belastungen einher und sind neurophysiologisch tief verankert.

Als logische Antwort auf die Intrusionen kommt es zur konstriktiven Problematik, einer Vermeidung von Reizen, die mit dem Trauma verbunden sind, sowie zu Dissoziationen, Erinnerungsschwierigkeiten oder -lücken (Amnesien) bzw. einer Abflachung der allgemeinen Reagibilität. Dazu gehören bewusstes und unbewusstes Vermeiden von Gedanken, Gefühlen oder Gesprächen, die mit dem Trauma in Verbindung stehen, von Aktivitäten, Orten

oder Menschen, die Erinnerungen an das Trauma wachrufen, ein deutlich vermindertes Interesse oder eine verminderte Teilnahme an wichtigen Aktivitäten, ein Gefühl der Losgelöstheit oder Entfremdung von anderen, eine eingeschränkte Bandbreite der Affekte, Numbing, depressive Grundstimmungen bzw. chronische Affektdysregulationen. Die emotionale Labilität und die depressiven Verstimmungen können auch zu selbstschädigendem Verhalten und Suizidgedanken bzw. -handlungen führen.
Häufig kommt es zu einem Hin- und Herschwanken zwischen beiden Extremen der Intrusivität und Konstriktion und damit zu einem Verlust der Fähigkeit der Selbstregulation. Hinzu treten anhaltende Symptome einer physiologischen Übererregung, also eine generelle Überwachsamkeit, Schwierigkeiten, ein- oder durchzuschlafen, erhöhte Reizbarkeit und Schreckhaftigkeit und Konzentrationsschwierigkeiten. Betroffene leben psychisch und physisch ständig angespannt und auf einem erhöhten Erregungsniveau. Dies kann sich in langfristigen psychosomatischen Erscheinungen niederschlagen.
Die Symptome beginnen mit einer sogenannten traumatischen Belastungsreaktion. Von einer posttraumatischen Belastungsstörung wird erst gesprochen, wenn die Belastungen über einen längeren Zeitraum als vier Wochen hinweg unvermindert anhalten. Ab einer Zeitdauer von drei Monaten spricht man von einer chronischen Belastung. Bei über Jahre und Jahrzehnte fortgesetzter Beeinträchtigung kann die posttraumatische Belastung in andauernde Persönlichkeitsveränderungen übergehen.

Das Ausmaß der Traumatisierung ist dabei abhängig von der Art, den Umständen und der Dauer des Ereignisses, vom Entwicklungsstand des Opfers zum Zeitpunkt der Traumatisierungen und eventuell vorhandenen oder nicht vorhandenen schützenden Faktoren. Kinder und Jugendliche in stationären Einrichtungen haben tendenziell eher frühe und anhaltende Traumatisierungen bzw. Verlusterfahrungen erlebt, immer im sozialen Nahraum oder sogar durch die Fürsorgepersonen selbst. In Eriks Fall z. B. kommt es früh zu einer Fremdunterbringung, die Heimsituation beschreibt Erik jedoch ebenfalls als rigide und als eine Atmosphäre, in der man »sich nicht entwickeln konnte«. Ganz ähnliche Worte verwendet Bettina: »Ich konnte mich da nicht entwickeln ... Ich habe einfach nur von Angst gelebt. Angst und der Überlebenskampf.« Insbesondere diese Formen früher, anhaltender und wiederholter Traumatisierung verursachen Phänomene schwerer psychischer Fragmentierung und Desintegration. Die Fundamente des Selbst und die eigene Selbstwahrnehmung werden erschüttert bzw. können sich erst gar nicht entwickeln. Das Gefühl von Sicherheit und Geborgenheit in der Welt und das Vertrauen in die Menschheit, das sich über die ersten Bindungsbeziehungen herstellt, wird dadurch grundlegend erschüttert.

Kinder und Jugendliche in stationären Einrichtungen haben häufig frühe und anhaltende Traumatisierungen erlebt

Andererseits jedoch bringen früh Traumatisierte außergewöhnliche Fähigkeiten hervor und entwickeln z. T. sehr kreative und vitale Überlebensstrategien. So kommentiert die Bewohnerin Bettina ihren eigenen erfahrungsreichen Hintergrund: »Bin ja recht jung, hab‘ aber auch sehr viel erlebt, viele nicht so prickelnde Sachen halt ... ich kann mittlerweile auch ... in meiner Vergangenheit Positives sehen, und das ist schon 'ne Sache, das ist 'ne Kunst.« Aber auch Bettina weiß: Was einst hilfreich war, kann im weiteren Lebensverlauf wieder destruktiv werden und gravierende chronische Symptome verursachen. Die traumatische Belastung umfasst also nicht nur das Trauma selbst, sondern auch die Geschehnisse, die zu einem späteren Zeitpunkt in Anknüpfung an das Trauma stattfinden. Resultat ist häufig ein ausgeklügeltes System vielfältiger somatischer und psychischer Symptome, die die gerade erst entstehende Persönlichkeit entscheidend in der Entwicklung beeinflussen. In den letzten Jahrzehnten hat sich dafür der Begriff »komplexe Traumatisierung« durchgesetzt (Kolk u. a. 1996). Für Kinder und Jugendliche spricht man, wie soeben angedeutet, von der Traumaentwicklungsstörung, einer bereits zu diesem Zeitpunkt undefinierbaren »Mischung« aus einer Vielzahl von Symptomen (Schmid u. a. 2010, S. 49).

Bei Typ II-Traumata kommt es zu fundamentalen Erschütterungen der Selbst- und Fremdwahrnehmungen sowie der Bindungsstrukturen

Lenore C. Terr, eine amerikanische Kinderpsychiaterin, schlug die Aufteilung von Typ I- (einmalig) und Typ II-Traumata (komplex) vor. Für die komplexe Form der Traumatisierung (1991) beschreibt sie eine ganze Bandbreite sozialer, psychosomatischer und psychiatrischer Störungsbilder, z. B. psychische Fragmentierungsphänomene (sogenannte Dissoziationen; vgl. auch Huber 2010), Probleme mit der Selbstprägnanz, dem Selbstwert und der Selbstwirksamkeitserwartung, mit der Emotionsregulation sowie psychosomatische Erscheinungen und Schwierigkeiten in der Selbst- und Fremdwahrnehmung. Letzteres zeigt sich z. B. darin, dass traumatisierte Kinder häufig eine besonders enge, wenn auch destruktive Bindung an die Täter oder Täterinnen entwickeln.

Hier schließt sich der Kreis mit dem vorherigen Kapitel zur Bindungs- und Beziehungsgestaltung. Bei Kindesmissbrauch und -misshandlung wird z. B. der unbelastete Zugang zum anderen, das »Gefüge psychischer Sicherheit« (Grossmann & Grossmann

ABBILDUNG 1 Folgen komplexer Traumatisierung (nach SCHMID 2010 b, S. 43)

2012/2017), gerade durch jene Menschen zerstört, von denen das Kind am stärksten abhängig ist. Ronnie JANOFF-BULMAN (1985) beschreibt dieses Phänomen als »shattered assumptions«: eine fundamentale Erschütterung grundlegender Überzeugungen wie positiver Selbstwahrnehmung, Erwartungen in Bezug auf die Welt und das Gefühl der Sicherheit und Geborgenheit darin sowie Vertrauen in zwischenmenschliche Interaktionen (vgl. auch SACHSSE 2006). Die Wahrnehmung fokussiert hauptsächlich auf »traumarelevante« bzw. mit dem Trauma zusammenhängende Reize und Faktoren. Mit diesen bis in die Neurophysiologie hineinreichenden »Verzerrungen« (PERRY 1998) begegnen Kinder und Jugendliche dem Hilfesystem und den darin arbeitenden Personen und benötigen dazu eine ausdrückliche Alternativerfahrung, trotz oder gerade wegen der Probleme, die sie bereiten. So erzählt die Bewohnerin Alina inzwischen sehr offen darüber, wie »schwer« sie es ihrer neuen Betreuerin nach dem Betreuungswechsel gemacht hat. Heute kann sie dies rückblickend gut einordnen: »Da war ich ja eigentlich so'n bisschen verzweifelt, weil Albert und Anja und dann noch ein wichtiger Betreuer gegangen sind.« Und Alexandra, ihre Bezugsbetreuerin, sagt im Rückblick auf diese Zeit angestrengt: »Sie kam damals mit allen ihren geballten Problemen, war super-super traurig, enttäuscht, misstrauisch, wütend, ängstlich und – ja, hat diesen Schmerz auf allen Ebenen ausgelebt.«

Traumatisierte Kinder und Jugendliche nehmen in diesen Situationen sämtliche Reize anders auf und ordnen sie anders zu als Menschen ohne Traumaerfahrungen. Traumatische Stimuli gelangen vermutlich ohne eine Verschaltung mit der Großhirnrinde direkt in die Amygdala, den affektgeleiteten Verstärker des Gehirns. Auch wird angenommen, dass die übermäßige Ausschüttung von Stresshormonen in der traumatischen Situation zu einer tiefen Einprägung der traumatischen Situation führt. Bei Traumatisierten wurden eine Reihe neuroendokrinologischer Dysregulationen gefunden wie veränderte Konzentrationen von Transmittern oder veränderte Dichten entsprechender Rezeptoren bis hinein in genexpressive Prozesse (vgl. z.B. LeDoux 1996/1998; Yehuda 2002). Trauma muss also als Ergebnis eines komplexen Beziehungsgefüges zwischen psychologischen, physiologischen und sozialen Prozessen gesehen werden, die jedoch prinzipiell auch wieder reversibel sind.

Sequenzielle Traumatisierung bei Flucht und Vertreibung

Für ein erweitertes Verständnis des traumatischen Geschehens – besonders im Hinblick auf Flucht und Vertreibung – sollte das Konzept der Sequenziellen Traumatisierung von Hans Keilson (1979/2005) herangezogen werden. Keilson war Sportlehrer, Arzt, Schriftsteller und Überlebender der Shoa. Er führte in den Niederlanden eine sehr differenzierte Langzeitstudie durch mit jüdischen Kriegswaisen, die er zum Teil selbst in der Zeit der Shoa betreut hatte. Aus den Ergebnissen dieser Forschung entwickelte er das Konzept der Sequenziellen Traumatisierung.

Darin arbeitete Keilson heraus, dass das Trauma der Kinder und späteren Erwachsenen nicht aus einer, sondern vielmehr aus drei Sequenzen besteht. Diese drei Sequenzen sind:

- die Vorbereitung und der Beginn der Verfolgung (z.B. zunehmender Verlust des Rechtsschutzes, Demütigung im Alltag, Auflösung der vertrauten Umgebung);
- die »traumatogenen« Momente (z.B. Gewalthandlungen im Krieg, Aufenthalt in Lagern, Erziehungsanstalten);

- das Auftauchen und Zurückkehren in eine rechtlich gesicherte Welt (Leben im Exil, Behandlung als Flüchtling, Erfahrung von Gleichberechtigung).

Der Blick auf diese Sequenzen ermöglicht ein tieferes Verstehen der immensen Belastung, der die Betroffenen mit einem solchen Erfahrungshintergrund ausgesetzt sind. Es geht demzufolge keineswegs nur um das einzelne Ereignis bzw. die verschiedenen Gewalterlebnisse und deren mehr oder weniger gelungene individuelle Bearbeitung, sondern um eine Abfolge von Ereignissen in einem gesellschaftlichen Kontext. So ist es für die Unterstützenden wichtig, das Zusammenspiel der Sequenzen in den Blick zu nehmen und zu würdigen. Das bedeutet »eine Erleichterung, wenn man sich einmal entschlossen hat, seine Aufmerksamkeit auf das Zusammenspiel der verschiedenen traumatischen Abläufe zu lenken und versucht, den Konnex herzustellen« (Keilson 1979/2005, S. 61).

Keilson konnte mit dieser Studie zeigen, dass auch nach dem Ende der Verfolgung, selbst wenn die Geflüchteten in einem scheinbar sicheren Land angekommen sind und die Zeit der Verarbeitung beginnen könnte, noch ein wesentlicher Teil der traumatisierenden Erfahrungen geschieht, sodass viele diese Zeitspanne sogar »als die eingreifendste und schmerzlichste ihres Lebens« bezeichneten (ebd., S 58). Für die langfristige psychische Gesundheit der Kriegswaisen seiner Untersuchung war demnach nicht unbedingt der Schweregrad der ersten beiden traumatischen Phasen entscheidend. Eindeutig zeigten sich bei den Kindern, die in der Nachkriegszeit unter relativ guten Bedingungen aufwuchsen, deutlich weniger Traumafolgestörungen, wie wir heute sagen würden, als bei Kindern, die eine schwierige Nachkriegszeit (dritte Sequenz) nach einer weniger schrecklichen Zeit in der Shoa erlebt hatten.

Diese Erkenntnis hat weitreichende Auswirkungen auf die Arbeit mit geflüchteten Kindern und Jugendlichen. Die Möglichkeit und auch die Verantwortung für die Bearbeitung der traumatischen Erfahrungen werden vom Individuum auf gesellschaftliche und politische Aspekte erweitert. Die gesellschaftliche Anerkennung des traumatischen Erlebens als Unrecht und die Schaffung eines politischen Klimas, in dem Geflüchtete keine Angst vor Stigmatisierung und Ablehnung haben müssen, schützt dagegen vor fortgesetzter Traumatisierung und erlaubt erst die Bearbeitung von Flucht- und Kriegstraumata.

In der Realität der Geflüchteten spielt auch die Wiederholung von Ohnmachtserfahrungen immer wieder eine wichtige Rolle, wenn sie z. B. immer wieder Befragungen ausgesetzt sind, auf Entscheidungen warten müssen, an der Organisierung ihrer Lebensumstände nicht beteiligt werden bzw. ihnen die Abläufe im Aufnahmeland nur unzureichend erklärt werden. Es ist also festzustellen, dass negative Erlebnisse im Aufnahmeland die Verarbeitung von Kriegs- und Fluchttraumata nicht nur behindern und retraumatisierende Aspekte in sich bergen, sondern dass diese negativen Erlebnisse im Aufnahmeland selbst Teil der traumatisierenden Sequenz sind. Dies bedeutet für Fachkräfte, dass es für sie keine neutrale Haltung in diesem Feld geben kann, sondern dass sie die Rolle engagierter Begleiterinnen und Begleiter einnehmen müssen (BECKER 1997).

Positive Bindungserfahrungen ermöglichen

Das Konzept der Sequenziellen Traumatisierung deutet aber nicht nur in die eine Richtung der Retraumatisierung. Es besagt auch, dass wir noch viele Jahre nach der traumatischen Erfahrung die Möglichkeit haben, positive Akzente zu setzen. Diese Möglichkeit, durch Alternativerfahrungen im späteren Lebensverlauf das Trauma abzuschwächen und wieder mehr Bindungssicherheit zu erwerben, bezeichnet man in der Bindungstheorie als »earned secure« (MAIN 1995), also »nachträglich verdiente Sicherheit«. So hat sich Alina nach der Schwierigkeit mit dem Wechsel der Betreuerin das neu erkämpfte Vertrauen tatsächlich schwer verdient: »Aber auf der Reise bin ich meiner jetzigen Betreuerin Alexandra ziemlich schnell nahegekommen, und wir haben gemerkt, dass wir uns sehr sehr gut verstehen und gut miteinander können und – ja … das war total schön.«

Wie genau jedoch kann man Vertrauen schaffen, wenn die Bindungs- und Beziehungsarbeit sich durch »desorganisierte Hilfebeziehungen« zur Sisyphusarbeit gestaltet (SCHLEIFFER & GAHLEITNER 2010) und es eines ausgeprägten fachlichen Hintergrundes bedarf, um die verstörenden Vorgänge und Prozessedas der Kinder und Jugendlichen zu verstehen und adäquat beantworten zu können? Im Folgenden soll dafür ein Einblick in Bewältigungsprozesse nach Traumaerfahrungen gegeben werden.

Traumabewältigung

Bei früher, durch Menschenhand oder gar Fürsorgepersonen verursachter Traumatisierung, trifft ein erwachsenes, durchorganisiertes System von Gewalt auf ein in Entwicklung befindliches, hochvulnerables System eines Kindes. Der Situation kann das Kind weder angemessen begegnen noch ihr entfliehen noch kann es sie aus eigener Kraft beenden. Es kommt daher umgehend zu intrapsychischen, hilflosigkeitstypischen Formen des Umgangs mit der Traumatisierung. Abwehr und Bewältigung erhalten in dieser Situation überlebenssichernde Bedeutung. Symptomatik und Bewältigung sind daher letztlich kaum voneinander zu trennen (GAHLEITNER 2005 b). Als Beispiel sei nochmals der Mechanismus der Dissoziation angesprochen: Er hilft zunächst, das Trauma zu ertragen, ohne dass es ins Alltagsbewusstsein gelangt, und erweist sich damit anfangs als Schutzfaktor. »Wenn man nicht physisch fliehen kann, wird man versuchen, psychisch zu ›fliehen‹, die Situation selbst ›unwirklich‹ zu machen und den eigenen Körper als fremd, als nicht mehr zugehörig erleben, um den physischen und seelischen Schmerz zu verringern« (WIRTZ 1989, S. 142).

Was einst hilfreich war, kann im weiteren Lebensverlauf destruktiv werden

Allerdings funktioniert dieser Mechanismus mit der Zeit nicht mehr nur im Dienst der Abwehr, sondern wird zu einem festen Persönlichkeitsbestandteil (eine umfassende Übersicht bei HART u. a. 2008; für die Praxis vgl. FLISS & IGNEY 2008). Dies führt häufig in weiterer Folge zu Selbstbehandlungen wie Selbstverletzungen durch das Zufügen von Schnittwunden, Unterkühlungen oder Verbrennungen oder zu Selbstmedikation durch Drogen. Für Traumatisierte kann dies, wenn sie sich in der dissoziativen Welt befinden, den Zweck erfüllen, Kontakt zu sich und anderen über die Selbstverletzung und den Schmerz aufzunehmen. Damit stehen die Handlungen häufig »im Dienst der Suizidprophylaxe« (OLBRICHT 1997, S. 55), unterstützen langfristig jedoch traumatische Belastungsreaktionen (SACHSSE 1999). Traumabewältigung verstehen zu können ist daher eine wichtige Voraussetzung, um in der stationären Arbeit mit Kindern und Jugendlichen nicht zu verzweifeln.

Das Phasenmodell der Traumabewältigung

Bereits Mardi J. HOROWITZ (2002, 2011) stellte in den 1970er-Jahren ein Phasenmodell vor, in dem fünf aufeinanderfolgende Phasen der Traumareaktion beschrieben werden. Auf eine Initialreaktion in Form eines Aufschreis folgen überwältigende Erinnerungen einerseits und Vermeidungsversuche andererseits. Findet der Aufschrei Gehör und Offenheit, so erhöht sich die Wahrscheinlichkeit einer positiven Bewältigung. Eine anschließende bewusste Auseinandersetzung mit dem Trauma kann – wenn sie angemessen unterstützt wird – zu einem Wachstumsprozess und zur Lösung führen. In jeder Phase besteht nach Horowitz jedoch die Gefahr pathologischer Stagnation.

Ein modernes gut verständliches und hilfreiches Modell der Traumaverarbeitung stammt von Gottfried FISCHER und Peter RIEDESSER (1998/2009). Sie betonen das Zusammenwirken von objektiven traumatischen Außenfaktoren und subjektiven Bedeutungszuschreibungen. Umfeld- und Umweltfaktoren spielen dabei eine entscheidende Rolle. In einer ersten Phase wird der Versuch unternommen, mit bereits bewährten Bewältigungsmustern auf das Trauma zu reagieren, was jedoch aufgrund der Überforderung nicht gelingen kann. In einer zweiten Phase »reagiert« der Organismus daher mit einem basalen Notprogramm, das sich vor allem in Verleugnungs- und Vermeidungsphänomenen zeigt. In der dritten Phase des traumatischen Prozesses versucht das Opfer, die überwältigende Erfahrung zu integrieren, und fixiert sich entweder in Überflutung mit Traumainhalten oder dem Vermeidungsverhalten oder aber findet andere »Hilfsmittel« wie z.B. Drogenkonsum, eigene Täterschaft etc.

Langfristige Folgeerscheinungen sind daher sowohl als Konsequenz traumatischer Ereignisse wie auch als Versuche zu verstehen, das traumatische Ereignis möglichst gut zu verarbeiten, und verraten insofern zugleich viel über die Bewältigungsformen der Traumaopfer. So lässt sich beispielsweise die bereits angesprochene besonders enge Bindung traumatisierter Kinder und die damit verbundene Übernahme der Verantwortung und Schuld als »Traumakompensation« betrachten, als Versuch, die lebensnotwendige Bindung zum Täter bzw. zur Täterin aufrechtzuerhalten. Als Wiederholungen, Retraumatisierungen und Körpererinnerungen verselbstständigen sich solche Muster zu destruktiven Mechanismen, stellen jedoch letztlich die Kehrseite der Strategien dar, die den Betroffenen das Überleben und damit den zunächst wichtigsten Anteil der Bewältigung ermöglichen: Sie sind Selbstheilungsversuche, Anpassungsleistungen, Konfliktlösungsversuche, Kommunikationsversuche und Signale und damit bereits Bewältigung. Bei aller scheinbaren Absurdität und Dysfunktionalität stehen sie im Dienst des Überlebens der Opfer traumatischer Ereignisse (BIRCK 2001).

Symptome sind Selbstheilungsversuche

Das Wichtigste an der Kenntnis von Bewältigungsmodellen ist die tiefe Gewissheit, dass Symptome häufig als Selbstheilungsversuche zu betrachten sind, trotz ihrer Destruktivität. In der Situation für das Opfer stellen diese Verhaltensweisen die einzige – meist unbewusste – Kompromissmöglichkeit dar. »Jedes Verhalten hat einen Grund«, drückt Wilma WEISS (2008, S. 52), eine der bedeutendsten Vorreiterinnen traumapädagogischer Ansätze, diesen Sachverhalt aus. Dies gilt auch für häufig lange Phasen in Prozessen der Traumabewältigung, in denen das Bewusstsein über die traumatischen

Erfahrungen absinkt. Gerade Betroffene komplexer Traumatisierung versuchen häufig, nach einer Initialreaktion das Trauma zu vermeiden oder zu kompensieren. Diese Versuche erfolgen in der Regel unbewusst, sodass das Ausmaß der bewussten Beschäftigung mit dem Trauma nahezu auf null absinkt und kein bewusstes Wissen der traumatischen Erlebnisse mehr besteht (siehe Abbildung 2).

ILDUNG 2 Typisierte Verarbeitungskurve für das Ausmaß der Beschäftigung : dem Trauma im Lebensverlauf (vgl. GAHLEITNER 2005 a)

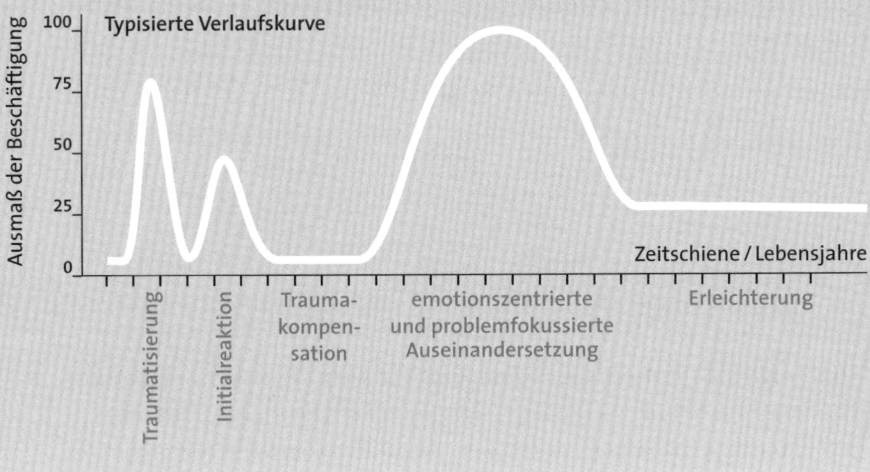

Erst im weiteren Lebensverlauf – und auch nur eventuell – eröffnen sich Möglichkeiten zu einer aktiven Auseinandersetzung mit dem Geschehenen, was zu einer Erleichterung führen kann. Häufig jedoch wird eine Aufarbeitung gar nicht möglich. Die Ambivalenzen zwischen Annäherung und Vermeidung lassen sich daher als »dyadischer Angelpunkt posttraumatischer Bewältigungsversuche« (BIRCK 2001, S. 48) verstehen, der zwar zu einer latenten Dauerbelastung führt, jedoch insgesamt abermals vom Organismus als Schutz eingerichtet ist. Die Erschütterung über diese schwerwiegenden Auswirkungen traumatischer Ereignisse führt häufig zu einer alleinigen Zentrierung auf die zerstörerischen Aspekte. Übersehen wird dabei oftmals, dass betroffene Kinder und Jugendliche mit ihrem Leben weiterhin zurechtkommen müssen und dies vielen unter größten Anstrengungen auch gelingt. Der Bericht der Bewohnerin Bettina z. B., in dem sie schildert, dass sie heute auch anerkennend auf ihre Bewältigungsfähigkeiten zurückblicken kann, ist dafür ein gutes

Beispiel. Beim Eintritt in das Hilfesystem hat ihr diese Tatsache niemand gespiegelt. Diese defizitorientierte Sichtweise verhindert ressourcenorientiertes Arbeiten.

Ressourcenorientierte Unterstützung

Eine tendenziell ressourcenorientierte Haltung wurde erstmals von Aaron ANTONOVSKY (1979) formuliert. Diese »salutogenetische«, gesundheitsfördernde Perspektive beruht auf der Frage: Wie kann jemand trotz traumatischer Erlebnisse die ehemaligen schrecklichen Erfahrungen bewältigen? Inzwischen wurden von zahlreichen Autorinnen und Autoren (vgl. z.B. BUTOLLO u.a. 1998; LEBOWITZ u.a. 1993; WINTERSPERGER 2006) Stufenmodelle entwickelt, die sich international durchgesetzt haben und in drei Phasen zusammenfassen lassen:

Die drei Phasen der Traumaverarbeitung

1. Stabilisierung und Ressourcenorientierung,
2. Auseinandersetzung mit dem Trauma,
3. Neurorientierung.

Im Folgenden sollen die Grundzüge dieses Modells vorgestellt werden. Die einzelnen Phasen sind dabei nicht als starr aufeinanderfolgend zu verstehen, sondern durchdringen, überlappen und beeinflussen sich gegenseitig.

Voraussetzungen erfolgreicher Traumaverarbeitung

Die zentrale Ausgangsbedingung für einen gelungenen Verarbeitungsprozess ist nach den Modellen »erfolgreicher Verarbeitung« ein Mindestmaß an relativer Sicherheit in einer ersten Phase der Stabilisierung und Ressourcenerschließung. Sie ist Voraussetzung für einen Neuaufbau des erschütterten Kontrollvermögens und ein geplantes, zielgerichtetes Handeln. Dazu gehört vor allem die Erschließung sozialer Ressourcen. Aus eigener Kraft, »nur von innen«, in sozialer Isolation, ohne eine tragfähige Beziehung, sind eine Überwindung des Misstrauens gegenüber sich und der Welt und eine Annäherung an die zerrüttete Identität nach schwerer Traumatisierung nahezu unmöglich.

In der Auseinandersetzung mit der Gewalterfahrung in einer zweiten Phase der Auseinandersetzung mit dem Trauma geht es um den behutsamen Versuch, traumatische Erinnerungen unter Einbezug der emotionalen Komponenten zuzulassen, ohne von den begleitenden Gefühlen überwältigt

zu werden. Mit der kontrollierten Rekonstruktion des Traumas und dem Verständnis der Wirkung der vergangenen Erfahrung auf die momentanen Gefühle und Verhaltensweisen kann das Kontrollvermögen Schritt für Schritt zurückgewonnen, ein differenzierterer Umgang mit Symptomen erarbeitet und das Trauma eingeordnet werden. Die – keineswegs in jedem Fall mögliche – Integration des Unannehmbaren und Furchterregenden in das Selbstkonzept und die Überwindung der damit verbundenen Ängste und Abwehrmechanismen ermöglichen eine Rekonstruktion von Gefühlen und Gedanken, die mit dem Trauma im Zusammenhang stehen.
Nach einer ausreichenden Stabilisierung und Bearbeitung des Traumas kann in einer Phase der Neuorientierung eine Wiederannäherung an die Umwelt stattfinden. Unter neuen Bedingungen ist nun eine Fokussierung auf die aktuellen individuellen Möglichkeiten und Grenzen möglich. Die Verantwortung für das eigene Leben zu übernehmen und neue Perspektiven für sich und in Interaktion mit anderen zu erschließen, werden zu den zentralen Aufgaben.

Das Drei-Phasen-Modell der Traumaverarbeitung eignet sich hervorragend für die Entwicklung eines interdisziplinären Arbeitsmodells für stationäre Einrichtungen, wie es in den letzten Kapiteln vorgestellt und erklärt wird. Die Integration des Unannehmbaren ist nämlich bei Kindern und Jugendlichen häufig nicht an explizite Traumaaufarbeitung gebunden, sondern – im Rahmen des Möglichen in diesem Entwicklungsabschnitt – an eine Akzeptanz des Traumas und an eine Zuordnung zur eigenen Biografie. Die Integration des Geschehenen in das Selbstkonzept ermöglicht dann eine Restrukturierung von Gefühlen und Kognitionen und damit eine Annäherung an die eigenen Fähigkeiten und Möglichkeiten sowie eine Zuwendung zu aktuellen Lebens- und Alltagsthemen. Dazu muss das Modell jedoch an die Verhältnisse und Möglichkeiten der stationären Kinder- und Jugendhilfe angepasst werden, und die Stärken dieser ressourcenorientierten Unterstützung – z. B. die intensive Vernetzungskomponente – müssen in die Überlegungen einbezogen werden (siehe nächstes Kapitel).

Die Vielfalt psychosozialer Vernetzungskompetenz

Soziale Netzwerke

Bindungs- und Beziehungsprozesse entfalten ihre Wirksamkeit in stationären Settings – wie im frühkindlichen Entwicklungsprozess auch – nicht durch eine isolierte Einzelbeziehung zu einer Person alleine, sondern innerhalb eines sozialen Netzwerkes, sowohl im unmittelbaren Umfeld als auch darüber hinaus. Gerade in stationären Einrichtungen der Kinder- und Jugendhilfe ist ein hohes Ausmaß an Geschick in der Gestaltung der Zusammenarbeit und Kommunikation verschiedenster Systemebenen nötig. Die Gefahr, dass die Kinder und Jugendlichen erneut destruktive Beziehungen erleben, ist groß. Wie also kann es gelingen, dass die Beziehungsnetze innerhalb der Einrichtung und darüber hinaus nicht erneut einen »desorganisierten Charakter« (Schleiffer & Gahleitner 2010) annehmen, sondern eine positive Wirkung entfalten?

Beziehung entfaltet ihre Wirkung am besten in aufeinander abgestimmten Beziehungsnetzwerken

Menschen in schwierigen Lebenssituationen profitieren dabei keineswegs nur von professioneller Hilfe in fest gefügten Settings, wie beispielsweise Psychotherapie, Beratung etc., sondern häufig von »informeller Hilfe« aus ihrem Umfeld. Diese »Bewältigungsbeiträge aus Unterstützungsquellen unserer Lebenswelt« (Nestmann 2000, S. 130; vgl. ursprünglich Nestmann 1988) sind gerade in der postmodernen globalisierten Welt, die von fragmentierten Erfahrungen, pluralen Lebenslagen und Milieus sowie extremer Individualisierung gekennzeichnet ist, als »positiver Gegenhorizont« (vgl. Keupp 1997, 2003) bedeutsam. Dementsprechend besitzen soziale Netzwerke eine große Bedeutung für die Förderung psychosozialer Gesundheit (Homfeldt & Sting 2006).

Soziale Netzwerke

Unter einem »sozialen Netzwerk« wird nach Baumann und Pfingstmann (1986) »die Gesamtheit der Personen verstanden, zu denen eine soziale Bindung besteht« (S. 686). Soziale Unterstützung meint in ihrer Begriffsbeschreibung »die positiv bewertete, erlebte oder erhoffte Funktion Sozialer

Netzwerke« (ebd.). Netzwerkarbeit zielt auf ein »Mehr« an Möglichkeiten zur sozialen Unterstützung für Klientinnen und Klienten ab (Krieger 2010; vgl. bereits Barnes 1954; Nestmann 1988). Soziale Netzwerke lassen sich in primäre, sekundäre und tertiäre Netzwerke untergliedern (Paulus 1997, S. 179). Primäre Netzwerke sind nicht organisiert und lassen sich in Familien, Lebens- oder Wohngemeinschaften finden. Zu sekundären Netzwerken zählen beispielsweise Freizeitkontakte, Kolleginnen bzw. Kollegen oder Vereine. Tertiäre Netzwerke sind organisierte Netzwerke wie Nachbarschaftszentren, Arbeitskreise etc. Spielt der Alltag im professionellen Kontext eine große Rolle, wie es in der stationären Arbeit mit Kindern und Jugendlichen der Fall ist, muss eingehender betrachtet werden, wie soziale Netzwerke bei Belastungen unterstützend genutzt werden können.

Dafür ist eine Unterscheidung in verschiedene Dimensionen (Nestmann 1988, 2000) hilfreich. Die genauere Betrachtung struktureller Merkmale wie Netzwerkgröße, Zusammensetzung, Reichweite (vgl. Röhrle 1994) und Dichte (vgl. Diewald 1991) kann angesichts der zunehmenden Peerorientierung der Kinder und Jugendlichen dabei helfen, ein angemessenes, jedoch auch verkraftbares Maß an sozialer Einbettung zu finden. Ein großes, jedoch nicht so dichtes Netzwerk bietet z. B. vielfältige Informationen, dichte Netzwerke hingegen Zugehörigkeit, Geborgenheit sowie sozialen Rückhalt. Das dichte Netzwerk erfordert jedoch auch Pflege, die gerade heranwachsende Kinder und Jugendliche zeitweilig überfordern kann. Auch die »richtige Zusammensetzung«, die Haltbarkeit, das richtige Maß an Offenheit und eine realistische Erreichbarkeit sind von Bedeutung für die Tragfähigkeit von Netzwerken.

Ein weiteres wichtiges Beziehungsmerkmal ist die Intensität (Nestmann 1988, 2000). Intensive, starke Beziehungen zeichnen sich vor allem durch die Vermittlung von Geborgenheit und den Umfang der Unterstützungsleistungen aus, während schwache Beziehungen weniger zeitaufwendig sind und auch ein geringeres emotionales Risiko darstellen, gerade auf dem Weg von sehr unsicheren oder desorganisierten Bindungsmustern hin zu mehr Sicherheit. Weniger ist auch hier daher manchmal mehr, wenn es um die Auswahl einer geeigneten Einrichtung sowie den Aufbau von Kontakten innerhalb und außerhalb der Einrichtung geht. Die Stärke schwacher Beziehungen stellt z. B. eine wichtige Brückenfunktion zu neuen Kontakten dar (Diewald 1991). Weitere Beziehungsmerkmale sind die Reziprozität, also Gegenseitigkeit, und die Kontakthäufigkeit.

Als Dimension des normativen Kontextes oder Gehalts bezeichnet man die Unterscheidung, ob Kontakte freiwilliger Art sind oder Pflichtcharakter haben. Die Bedeutung der Familie z. B. ist keine freiwillig gewählte. Beim Übergang vom Jugend- in das Erwachsenenalter vollziehen sich im normativen

Gehalt von Netzwerken viele bedeutsame Veränderungen, bei denen die Jugendlichen fachkompetent begleitet werden müssen. Zur Dimension der funktionalen Merkmale gehört schließlich die bereits erwähnte soziale Unterstützung, jedoch auch Aspekte wie soziale Kontrolle und soziale Integration (umfassend NESTMANN 2010). Soziale Unterstützung kann dabei als der »zentrale funktionale Aspekt sozialer Netzwerke« (PAULUS 1997, S. 179; vgl. auch BADURA 1981) angesehen werden. Anerkennung, Zuneigung, Sicherheit und Rückhalt zu erfahren gehört zu den Grundbedürfnissen eines Menschen (LAIREITER 2009).

DIEWALD (1991) hat zum detaillierteren Verständnis sozialer Unterstützung eine Typologie vorgeschlagen: Er unterscheidet den Interaktionsaspekt (z.B. alltägliche Interaktionen, jedoch auch Betreuung, Begleitung, Beratung), die Vermittlung von Emotionen (z.B. Geborgenheit, Liebe und Zuwendung) und die Vermittlung von Kognitionen. NESTMANN (2005, 2010) beschreibt Aufmerksamkeitslinien innerhalb der Netzwerkarbeit und unterscheidet dafür die Bedeutung von partizipativen Herangehensweisen, von Balance zwischen Autonomie- und Bezogenheitsaspekten, von Passfähigkeit und Reziprozität und von Mehrdimensionalität der Netzwerke und ihrer jeweiligen Bezüge zum Individuum. Die Möglichkeit, Anerkennung, Orientierung, Kontinuität, also »Erwartbarkeit« von Kontakt und Unterstützung sowie Zugehörigkeitsgefühle zu erfahren und darüber soziale Kompetenz zu entwickeln, bedeutet eben auch »Arbeit« für die Kinder und Jugendlichen wie für die Betreuenden. Das belegen eine Reihe von Studien zu »Kindernetzwerken« in der jüngeren Vergangenheit (vgl. NESTMANN u.a. 2008).

In einer aktuellen Bestandsaufnahme resümiert Wolfgang KRIEGER (2010), dass Netzwerkarbeit als »unverzichtbarer Baustein für eine gelingende Bewältigung der Lebensaufgaben« (S. 29) in Bereichen der Sozialen Arbeit zu verstehen ist und auf diese Weise »wesentlich dazu beitragen kann, Klienten bei der Bewältigung sowohl von zeitlich begrenzten Krisensituationen als auch von dauerhaften Belastungen im Alltag wirksam zu unterstützen« (ebd.). Gerade in stationären Einrichtungen der Kinder- und Jugendarbeit sind unterstützende Netzwerke bei den Herkunftsfamilien rar oder haben sich destruktiv entwickelt. Diese Erfahrung prägt auch die Haltung von Kindern und Jugendlichen gegenüber potenzieller sozialer Unterstützung. Sie benötigen zunächst eine »Alternativerfahrung« oder »schützende Inselerfahrung« (GAHLEITNER 2005 a, S. 63) wie z.B. ein positives Gruppenklima in der Einrichtung, um sich darauf einlassen zu können.

Dieser Gedanke zeigt auch den starken Zusammenhang auf, den soziale Unterstützung zur oben ausgeführten Bindungstheorie aufweist. Sozialer Unterstützung wird daher – ganz ähnlich wie Bindung – eine »doppelte protektive Wirkung« zugeschrieben (HOMFELDT & STING 2006, S. 185). Der Haupteffekt beinhaltet die ganz grundsätzliche positive und gesundheitsfördernde Wirkung, die Pufferwirkung wird in Problem- und Krisensituationen wirksam, in denen man auf das Netzwerk verlässlich zurückgreifen kann (GOTTLIEB 1983; NESTMANN 1988, 2000, 2010). In Stresssituationen haben Menschen mit einem guten Netzwerk wesentlich geringere Belastungsreaktionen zu befürchten als Personen mit einem defizitären Beziehungssystem (BAUMANN & PFINGSTMANN 1986).

Doppelte protektive Wirkung von Bindungs- und sozialen Unterstützungssystemen

Wollen psychosoziale Fachkräfte Netzwerke für Kinder und Jugendliche aktivieren, stabilisieren und erweitern, muss jedoch eine sensible Balance hergestellt werden: zwischen dem »Eingriff« in das soziale Netz und der Rücksicht auf ihre Autonomie. Das kann im ersten Schritt bedeuten, zunächst überhaupt die Netzwerkorientierung zu fördern. So kann es sinnvoll sein, mit künstlichen Netzwerken zu beginnen, verschiedene Netzwerke zu verknüpfen oder auch »von außen zu beginnen« und die Unterstützerinnen und Unterstützer zu unterstützen (ebd.). Ähnlich wie in der Alltagsdimension führen Vorurteile jedoch dazu, soziale Unterstützung als »natürlich« und »nebenbei« abzutun. Das heißt aber nur, »daß Individuen es sich im Alltag nicht klar machen, wie weit ihr realitätsgerechtes Handeln, ihr Bezug zur wirklichen Welt außerhalb der eigenen Person, ihr psychisches Wohlbefinden abhängen vom Austausch mit anderen« (SIEGRIST 1989, S. 67).

Die dialogische Dimension in der Netzwerkarbeit mit Kindern und Jugendlichen

Im Folgenden sollen einige Beispiele aus der Studie KATA-TWG verschiedene dieser Aspekte etwas eingehender beleuchten. Zunächst werden Beispiele für »innerinstitutionelle« Zusammenarbeit und daraus entstehende Netzwerke vorgestellt und anschließend wird die »interinstitutionelle« Zusammenarbeit reflektiert.

Innerinstitutionelle Zusammenarbeit

Helfende Professionen innerhalb der stationären Kinder- und Jugendarbeit sind aufgefordert, »veränderungsrelevante Momente« für erfolgreiche Mentalisierungsprozesse im Lebens-, Entwicklungs- und Beziehungsalltag der Jugendlichen aufzuspüren und

Räume zur Selbstentfaltung und Kommunikation bieten

konstruktiv zu nutzen: Das bereits mehrfach diskutierte Anknüpfen an ehemals abgebrochene Bindungsentwicklung, Kommunikation und Sozialisation bedeutet im Idealfall, dass die in der Betreuung erworbenen Begegnungs-, Symbolisierungs- und Ausdruckserfahrungen der Jugendlichen verinnerlicht und zu einer positiven Weiterentwicklung im Umgang mit sich und anderen genutzt werden können. Räume zur Selbstentfaltung und Dialogfähigkeit können entstehen und sich in der Folge auch über die Einrichtungsgrenzen hinaus entfalten. Denn innerhalb eines tragfähigen Betreuungsnetzwerkes kann der eine den Fehler des anderen ausgleichen.
Dabei der »bedeutsame Andere« (significant other; vgl. bereits SULLIVAN 1953/1983) in der Begegnung zu sein, bedeutet jedoch viel Verantwortung und hohe Anforderungen an die Kompetenz der Fachkräfte, sowohl in Bezug auf die Bindungs- und Beziehungsqualität in der Arbeit mit einzelnen Kindern und Jugendlichen als auch in der Verortung innerhalb eines insgesamt tragfähigen Betreuungsnetzes. Wenn der Aufbau eines tragfähigen Betreuungsnetzwerkes gelingt, kann der eine auch den Fehler des anderen ausgleichen. So »gab‘s auch halt sehr viele verschiedene Persönlichkeiten. Ist auch gut«, sagt Bettina, eine ehemalige Bewohnerin, zu dem Thema. Zentral sind zwar die primären Bezugsbetreuungspersonen, unterstützend aber spielen in diesem Netzwerk alle anderen Fachkräfte eine bedeutsame Rolle: unter der Voraussetzung, dass das Team gemeinsam ein fachlich qualifiziertes Betreuungsmilieu entfaltet.

BEISPIEL **FÜR DAS INEINANDERGREIFEN VERSCHIEDENER BETREUUNGSANGEBOTE** Bettina hat die positive Unterstützung durch eine Nachtkraft im richtigen Moment in guter Erinnerung: »Ich konnte halt am Anfang nicht so lange am Computer sitzen und schreiben – vor allem nicht über Vergangenheit oder so, war einmal auch ziemlich zu viel gewesen, das habe ich aber zu spät gemerkt«, berichtet Bettina. Aber »die Nachtwache ... die hat mich sehr schnell durchschaut, ich konnte ihr irgendwie nicht so richtig was vormachen ... sie wusste aber auch in sehr schwierigen Situationen, was sie tun sollte ... dann hatte ich zum Beispiel ein weißes Pferd gezeichnet gehabt, so’n Pferdekopf mit Bergen und ... und die hat halt, als sie gemerkt hat, dass ich in mein Zimmer gegangen bin, weil mir so komisch war, natürlich dann irgendwie ... versucht, übers Bild mich dann wieder zurückzuholen, hat’s aber auch geschafft ... die hat dann irgendwie so was ausgelöst in mir ... ich weiß auch nicht, aber irgendwie, ja, war schon klasse.«

Diese Sequenz, in der es ihr gelang, den dissoziativen Zustand zu verlassen und sich ihrer Gefühle bewusst zu werden, schildert Bettina noch heute als einen herausragenden veränderungsrelevanten Moment in ihrer Entwicklung. Er wäre nicht möglich gewesen ohne die durch die Einrichtung initiierte reitpädagogische Begleitung, ohne die bereits vorhandene Basis mit dem Aufkommen von überflutenden Emotionen durch qualifizierte pädagogische und therapeutische Arbeit und ohne die Kenntnis des gesamten Kontextes durch die Nachtkraft. Die Gesamtheit der Angebote wirkt dann als ein gemeinsames hilfreiches Netz im Sinne einer zentralen Nachsozialisation für die Jugendlichen, einem bereitgestellten Schutzraum mit der Botschaft: »So bist du hier richtig und gut, und wir wollen dich hier.« Auf dieser Basis kann es zu einer Reihe »zufällig erfolgender« wichtiger Veränderungssequenzen für die Betreuten kommen. Als Bettina diese Sequenz erzählt, ist sie bereits fünf Jahre aus der Einrichtung entlassen und hat danach noch eine Reihe existenzieller Situationen wie Obdachlosigkeit etc. erfahren müssen. Diese Situation jedoch hat sie als wichtige Mentalisierungserfahrung mitgenommen. ×

Struktur als sozialisationsförderndes Instrument

Als wichtiges sozialisationsförderndes Element in Verbindung mit dem Bindungs- und Beziehungsangebot erscheint in den Interviews mit Betreuten und Betreuenden der bereitgestellte Sozialisationsrahmen, die vom Betreuungsbereich vermittelte Struktur. Feste Rahmenbedingungen, die den Jugendlichen Orientierung, Halt und einen Schutzraum gegenüber ihren eigenen destruktiven Tendenzen und der Außenwelt darstellen, können eine Alternative zu den bisherigen Erfahrungen bieten, in denen sie ohne diese Rahmenbedingungen gescheitert sind. Befragt nach Wirkfaktoren im Prozess mit ihrer Klientin Felicitas sagt Betreuerin Friederike spontan: »In erster Linie die Rahmenbedingung, die Struktur, ich denke, dass es für sie etwas war, wonach sie sich orientieren konnte, und das brauchte sie ... also ganz viel Struktur.«

BEISPIEL **FÜR DIE BEDEUTUNG VON REGELN, AN DIE SICH ALLE HALTEN** Die Bewohnerin Alina, in ihrer Kindheit hoffnungslos damit überfordert, ihre depressive Mutter zu versorgen, die ihre ferne Heimat vermisst, genießt sichtlich die Möglichkeit, sich innerhalb eines gesetzten Sozialisationsrahmens zu bewegen: »Toll, die ganze Verantwortung mal abzugeben«, sagt sie spontan, als sie von Regeln und Rahmenbedingungen der Einrichtung spricht. Solidarität »auf beiden Seiten«, wie Alina es erklärt, aufseiten der Jugendlichen und der Mitarbeiterinnen, gab ihr das Gefühl eines Zusammenhalts innerhalb der Gruppe, der sich für sie richtig anfühlte und ihr angemessene Generationsgrenzen vermittelte, die sie ihr Leben lang vermisst hatte. Ausdrücklich benennt Alina in diesem Zusammenhang auch Teamgeist als eine sehr wichtige Dimension: »Dass halt die Betreuer alle zusammengehalten haben und dass ... wenn Regeln im Team beschlossen wurden, haben sich alle dran gehalten.« ×

Die Strukturen müssen jedoch auch zu den Bedarfen der Kinder und Jugendlichen passen. Sonst verkommen sie zur Rigidität. Es geht offenbar um den dialogisch gut abgesicherten Einsatz von Strukturanforderungen, um ein sinnvolles Aushandeln und situativ wieder Nachgeben anstelle eines pädagogischen Autoritätskampfes (Hofmann 2002).

BEISPIEL **FÜR DIE FLIESSENDEN GRENZEN ZWISCHEN HILFE UND STRAFE** Der Bewohner Claus schildert aus seiner Perspektive den Rahmen, den die Einrichtung bereitstellt, als einen »gesunden Druck«, der dafür gesorgt hat, dass er »am Laufen blieb«. Letztlich hat diese von außen gesetzte Struktur seiner Meinung nach seinen Schulwiedereinstieg gerettet, auf dessen Basis er das Abitur machen konnte und sich dann irgendwann »immer wieder ... selbstständig überwunden« hat. Er benennt dies unmissverständlich und explizit: »Und dadurch, dass ich dort diesen Rahmen hatte, wo ich mich ständig überwinden musste, irgendwas erledigen musste, irgendwo hinfahren musste, irgendwelche Verpflichtungen, fiel es mir dann auch leichter mit der Schule, ... die ich irgendwie dann genauso gehandhabt habe.« Das bedeutet jedoch nicht, dass Claus keine Kritik an der gesetzten Struktur hat. Er ist zwar im Nachhinein froh, dass ihn die Einrichtung vom Cannabiskonsum ferngehalten hat, aber Alkohol erscheint ihm persönlich keine so gefährliche Droge zu sein. Daher erlebte er das Alkoholverbot zu Beginn in der Einrichtung als sinnlos rigide und seinem Gefühl nach auch als Grund für stigmatisierende Momente in der Außenwelt, »wenn da irgendwelche Partys gefeiert werden oder so ..., habe ich mich ein wenig ausgegrenzt gefühlt.«
In einer Einrichtung für sexuell straffällig gewordene Jungen hat der Schutzrahmen diese Doppelfunktion besonders explizit zu erfüllen. Der Bewohner Mehmet war sowohl gefährdet, selbst weiter sexuelle Gewalt zu erfahren, als auch, sie an jüngere Kinder weiterzugeben: »Er hat's nicht geschafft, irgendwie da eine Grenze zu ziehen, sondern hat das versucht zu verdrängen, indem er sich an nichts erinnern konnte«, erzählt sein Betreuer Dieter sorgenvoll

vom Beginn der Arbeit mit ihm in der Einrichtung. Wie sehr seine Herkunft von Schutz- und Strukturlosigkeit geprägt war, wird bei einem Blick auf die Elternarbeit deutlich, in der der Vater auf die Eröffnung des langjährigen Missbrauchs durch seine Verwandten kommentierte, er glaube beiden Parteien, seinem Sohn, dass er missbraucht wurde, und den Verwandten, die den Missbrauch leugneten. Dieters Abgrenzung gegenüber dieser väterlichen Aussage führte zu einer Strukturgebung nicht nur gegenüber Mehmet, sondern auch in Bezug auf die Eltern und die dortigen Familienverhältnisse. »Schritt für Schritt«, so Dieter, habe er auf diese Weise immer mehr »Form« in Mehmets Leben mit diesem gemeinsam erarbeitet. Ein komplexer Prozess von Nachsozialisation, nicht nur in Bezug auf Grenzen, sondern auch auf Körperhygiene, den Umgang mit Geld, auf Kommunikationsstrukturen etc.: »Wir hatten da so einen Plan, einen Wochenplan, ... für jeden Tag.« ×

Therapie im Kontext

Mit dem Angebot von Beziehung und Struktur entfaltet sich das »pädagogisch-therapeutische Milieu« der Einrichtungen. Vor einer »Verankerung« der Jugendlichen im Betreuungsnetzwerk, vor einem »Angekommensein« in der Einrichtung oder abgelöst vom Betreuungsalltag wird Therapie häufig als etwas Psycho-Esoterisches bzw. stark Stigmatisierendes empfunden, das in der Perspektive der Jugendlichen peinlich und albern erscheint oder in der Wirkung überhaupt nicht für sie einschätzbar ist. In allen stationären Einrichtungen ist übereinstimmend zu beobachten, wie sehr dieses Zusammenspiel zwischen dem ausdrücklich psychotherapeutischen Schutztraum und dem alltagsorientierten Betreuungsraum das »pädagogisch-therapeutische Milieu« bestimmt. Wird der Alltag zu stark therapeutisch aufgeladen, können sich pathologische Ambivalenzen hochspielen, der Raum zum spontanen Experimentieren ohne jeden Reflexionsanspruch verschwindet, und es entsteht der von den Jugendlichen so sehr befürchtete Druck »Psycho allday«.

Borderlineklientinnen bzw. -klienten z. B. müssen nicht nur sprechen, sondern auch schweigen und regulieren lernen, um sich nicht immer wieder in neuen Reinszenierungen zu verfangen. Dafür müssen bestimmte Themen vom Betreuungsteam bewusst in die Psychotherapie verwiesen werden. Von einer klaren Trennung der pädagogischen und therapeutischen Räume bei gleichzeitiger vertrauensvoller Zusammenarbeit, die die beiden Räume einerseits verbindet, aber verschiedene Beziehungs- und Auseinandersetzungsräume aufspannt, hängt die Qualität der Hilfeleistung daher entscheidend ab. Die Berücksichtigung der Schweigepflicht auf der einen und dem Austausch bzgl. bedeutsamer Entwicklungslinien und Themen auf der anderen Seite erfordert viel Fingerspitzengefühl und Vertrauen von beiden Seiten. Insofern muss der Psychotherapie in stationären Einrichtungen der Kinder- und Jugendarbeit mehr gelingen als innerpsychische Prozesse anzustoßen, es muss ihr gelingen, durch eine fruchtbare Zusammenarbeit mit der sozialarbeiterischen und sozialpädagogischen Betreuung im Alltag wirksam zu werden und so ein großes Ausmaß an veränderungsrelevanten Momenten und Mentalisierungsprozessen anzuregen.

BEISPIEL **FÜR DIE ANNÄHERUNG AN THERAPEUTISCHE MÖGLICHKEITEN** Für den Bewohner Claus erschließt sich der therapeutische Aspekt der Einrichtung im Nachhinein erst aus dem pädagogischen und therapeutischen Zusammenspiel. Dort profitieren zu können, funktionierte erst auf der Basis des von beiden Seiten als anspruchsvoll geschilderten langsamen Vertrauensaufbaus. Wichtig dabei war für Claus die Alltagsnähe des therapeutischen Angebots, »dass die Psychologin ständig da war, ... die Psychologen ... sind irgendwie Teil von uns geworden.« An dieser Sequenz wird anschaulich, dass der mehrmalige Aufenthalt pro Woche innerhalb des Betreuungsalltags den Jugendlichen Berührungsängste nimmt, ein Gefühl von Kontinuität, von »ständiger Präsenz« vermittelt, die so verknüpft mit der »Homebase« ist, dass die therapeutische Hilfeleistung einen anderen Charakter bekommt, »nicht mehr so psycho«, wie Claus es ausdrückt. Auf diese Weise können Vorurteile und fixierte Bilder über Psychotherapie sich langsam verflüchtigen und Begegnungen möglich machen, die therapeutische und stark veränderungsrelevante Wirkung haben: »Dadurch konnte man Probleme in der Gruppentherapie ansprechen oder auch im Einzel.« Claus resümiert den therapeutischen Prozess: »Ich denke, ich hab' mich verändert durch die Therapie, dass ich mich nicht mehr so beeinträchtigt fühle in manchen Situationen durch meine Psyche.« ×

In Einrichtungen für spezifische Problemlagen, die zum Schutz der Bewohner oder auch Außenstehender ein stark restriktives Vorgehen im Betreuungsalltag erfordern, wird diese Vernetzungsnotwendigkeit besonders deutlich. Hier bietet Psychotherapie einen ausgewiesenen Schonraum, der Jugendlichen insbesondere in der Zeit der Instabilität bereitsteht. Allerdings lassen sich auch hier Schlüsse ziehen, dass eine umfassende konstruktive Arbeit viel eher gelingt, wenn Psychotherapie in einem guten Zusammenspiel mit dem Betreuungsalltag dabei unterstützen kann, das Erarbeitete von der Therapie aus in den Beziehungs- und Lebensalltag der Jugendlichen zu befördern.

BEISPIEL **FÜR DAS ZUSAMMENSPIEL VON THERAPEUT UND BETREUER** Auf die Frage, wie er denn zu der Entscheidung gekommen sei, andere Wege zu gehen als bisher, antwortet Bewohner Mehmet: »Es kommt meistens charaktermäßig an ... so der Psychotherapeut, da wo die Jungs dann einmal wöchentlich runtergehen und mit dem Psychotherapeuten dann kucken, ob's gut geht. Und der arbeitet dann auch mit ihnen diese Vergangenheit auf und verarbeitet sie dann auch mit ihnen. Und das ist praktisch 'ne Unterstützungsleistung. Ja. Dadurch meinte ich: ›Gut, machst das mal, probierst es‹.« Der »Doctore«, »mein Vertrauter«, wie ihn Mehmet nennt, der Psychotherapeut, hat eine elementare Rolle gespielt, um aus seinem Schutz- und Schweigepanzer heraustreten zu können. Mit ihm konnte er den selbst verübten und bis zu diesem Zeitpunkt erlittenen Missbrauch aufdecken und neue Lebenswege einschlagen. Ohne die sensible, die Grundfesten der Schweigepflicht garantierende Arbeit mit seinem »Doctore« wäre dieser Prozess nicht möglich gewesen.
Ebenso wichtig dürfte aber die verantwortliche Informationsübermittlung des Psychotherapeuten an die Betreuer sein. Ohne ein fruchtbares Zusammenspiel der beiden Bereiche in wichtigen Entwicklungs- und Schutzaspekten hätte dieser Schritt eventuell niemals seine befreiende Wirkung entfalten können, in der man, wie Mehmet selbst es benennt, »sich öffnet ... und erzählt« und nicht mehr »so an die Wände gebunden« ist. Dieser sensible Prozess zwischen dem therapeutischen und dem Alltagsraum, zwischen Schweigen und Sprechen, dieses zeitweise auch »zweigleisig Fahren« und »sprechen Lernen«, wie Betreuer Dieter und sein Klient Mehmet es übereinstimmend nennen, spielt eine zentrale Rolle für Jugendliche in Einrichtungen, in denen es um strafrechtlich relevante Themen geht. Das »Sicherheitsgefühl«, so Mehmet, wächst dann »von Gespräch zu Gespräch«. Und er schließt diese aufschlussreiche Sequenz: »Und so die Art Therapeuten arbeiten schließlich mit den Betreuern zusammen.«
Der bei Mehmet sehr erfolgreiche Prozess der Aufdeckung der sexuellen Ausbeutungsverhältnisse mündete aufgrund der guten Zusammenarbeit zwischen den beiden Bereichen schließlich sogar in eine fruchtbare Elternarbeit ein. Es konnte zumindest eine Rückverortung der Verantwortung an die Täter und eine Rückverortung

der nicht ausreichend wahrgenommenen Schutzaufgaben an die Eltern erreicht werden. Dieses Vorgehen setzte Mehmets eigene Auffälligkeit im sexuellen Bereich in einen biografischen Kontext und ermöglichte ihm eine deutliche Abgrenzung von dem früheren Verhalten und das Einschlagen neuer, anderer Wege für die Zukunft. ✖

Gemeinschaft »lernen«, als Alternativerfahrung zu vorher

Auf einer derart soliden Basis innerinstitutioneller Zusammenarbeit entwickeln sich Jugendliche Stück für Stück, von Alltagsszene zu Alltagsszene, in den für sie zunächst ungewohnten Betreuungsalltag hinein. Der Betreuungsalltag beeinflusst sie dabei auf implizitem Wege – alternativ zu den bisherigen Erfahrungen. Ein entwicklungsförderndes Gesamtklima mit einem »richtigen Ausmaß an Freiheit und Sicherheit«, einer stabilen Gruppensituation und zwischen verschiedenen Angebotsbereichen entfaltet sich jedoch nicht von alleine (Rosemeier 2009). Viele Jugendliche haben zum ersten Mal die Möglichkeit, so etwas wie Alltag zu erfahren – gemeinsam etwas zu unternehmen, gemeinsam zu kochen etc. – und brauchen dafür eine äußerst solide Basis. Der Bewohnerin Bettina zum Beispiel fehlten beim Einzug in die Einrichtung zentrale Erfahrungen von Alltagsstruktur, Zugehörigkeit und Sozialisation. Ihre Erfahrung erzählt von den Schwierigkeiten, sich auf Kontakte mit der Gruppe einzulassen: »Zuerst dachte ich so, was soll das Ganze?« sagt Bettina. »Ich kannte mich nicht wirklich selber – nicht so die Chance gehabt ... war erstmal so ein bisschen ungewohnt für mich, so 24 Stunden Betreuung ... aber ich ... dachte, naja ist man wenigstens nicht allein«, erzählt Bettina vom Anfang der Zeit in der Einrichtung. Und sie resümiert ihre Zeit dort: »Ich musste lernen ..., dass es halt gute Menschen gibt, die mir halt wirklich helfen wollen, das war auch so'n Schwierigkeitsgrad am Anfang, dass ich irgendwie noch nicht ganz realisiert hatte, ... dass sie mir nichts tun ... Das funktionierte dann auch ... so nach einer Weile dann bin ich ruhiger geworden.«

Gruppenarbeit

Viele Einrichtungen integrieren in ihre Konzepte aktive Sequenzen von Gruppentherapie. Der Bewohner Claus berichtet vom Kontakt mit der Gruppe, nachdem er sich eingewöhnt hatte: »In der Gruppe war positiv, ... Kommunikation mit Leuten zu haben, mit denen man sonst nicht so Kommunikation hatte ... auch Fragen zu stellen, irgendwie über Probleme zu reden«, obwohl es sich anfangs »nicht immer gut angefühlt« hatte. Das Erlernen von wichtigen Kompetenzen wie Konfliktfähigkeit und konstruktiver Kommunikation vollzieht sich daher einerseits mühsam und schleppend und

andererseits für die Jugendlichen überraschend »nebenbei« mitten in ihrem Alltag. Die Bewohnerin Alina erzählt fast ein wenig erstaunt aufgrund völlig konträrer Vorerfahrungen als Kind einer psychisch kranken und migrierten Mutter: »Dort war ich auf einmal nicht mehr ... also ich wurde ernst genommen, ich bekam sehr viel Bestätigung.« Das bedeutet nicht, dass Konflikte ausbleiben. Da waren dann aber »Grabenkämpfe«, wie Alina erzählt, nicht immer etwas Negatives. Solidaritätserfahrungen »auf beiden Seiten«, aufseiten der Jugendlichen und der Mitarbeiter, geben ihr das Gefühl eines Zusammenhalts innerhalb der Gruppe, der sich für sie richtig anfühlt und ihr angemessene Generationsgrenzen vermittelt, die sie ihr Leben lang vermisst hat und an denen man sich auch einmal einigermaßen ungefährlich »reiben« kann.
Eine weitere wichtige Dimension der innerinstitutionellen Zusammenarbeit im klassischen Sinne von Netzwerkarbeit ist die Angehörigen- und Familienarbeit. Viele Jugendliche kehren entweder explizit an ihren Wohnort, fast immer jedoch in die Einflusssphäre und das Umfeld der Ursprungsfamilie zurück, falls sie es während des Aufenthaltes in der Einrichtung überhaupt maßgeblich verlassen haben und nicht darin verhaftet geblieben sind. Konsequenterweise integrieren viele stationäre Einrichtungen der Kinder- und Jugendarbeit Familientherapie oder ähnliche Angebote. Eine erfolgreiche Elternarbeit unterstützt die Entwicklung der Jugendlichen (vgl. auch CONEN 1992; NÜRNBERG & WOLFRUM 2008; ROSEMEIER & HESTERMEYER 2008).

BEISPIEL **GELUNGENER FAMILIENARBEIT** Bei Bewohner Claus z. B. gelang es, den Kontakt innerhalb der Familie im Verlauf des Aufenthaltes in der Einrichtung wiederherzustellen. Nach dem Suizid von Claus' Mutter war die Familie völlig zerrüttet. Der Witwer konnte zunächst seine Kinder nicht angemessen unterstützen. Daraus resultierten tiefe Konflikte zwischen den Geschwistern. Insbesondere die durch Gewalt geprägte Beziehung zwischen den Brüdern konnte mithilfe der vorsichtigen Angehörigenarbeit seiner Betreuerin Charlotte wieder zu einer Ressource werden: »Und so sind die also tatsächlich wieder in Kontakt zueinander gekommen ... und pflegen den auch.« Auch Claus' Beziehung zum Vater hat sich verbessert: »Ja, also, es geht ohne Probleme, dass ich mich mit meinem Vater über irgendwas unterhalten kann ... ich denke, ich hab' mich verändert, ... und dadurch, dass ich nicht mehr zu Hause wohne«, erzählt er im Interview. ×

Manchmal geht es aber auch zunächst um eine angemessene Distanz: »Ein bisschen Luft an die Beziehung zu bringen, für ein wenig Abstand zu sorgen«, hieß es einmütig in den Experteninterviews der Studie KATA TWG. Auf der anderen Seite ist es unabdingbar, eine Beziehung mit den Eltern zu etablieren, innerhalb derer »sie ›compliant‹ gegenüber dem sind, was wir in den Einrichtungen tun«, betonen die Kolleginnen und Kollegen übereinstimmend. »In irgendeiner Weise ein Einvernehmen darüber herzustellen«, kann manchmal schwierig bis unmöglich werden. Gelingt es nicht, ist nach Ansicht der Gruppe die Gefahr eines Behandlungsabruchs groß. In vielen Fällen müssen Eltern auch mit bestimmten Aspekten der bisherigen Verläufe konfrontiert werden. Bei aller Wertschätzung und der Berücksichtigung methodischer Aspekte, wie der Auslagerung in dritte »neutrale« Beratungseinrichtungen etc. führt auch diese Konfrontationssituation häufig zu Loyalitätskonflikten der Jugendlichen und in der Folge auch zu Abbrüchen.

Kontaktpausen und Kontaktabbrüche

Positive Beispiele können daher nicht darüber hinwegtäuschen, dass in vielen Fällen zunächst oder sogar über lange Zeit hinweg der Kontaktabbruch von der Ursprungsfamilie als letzte rettende Maßnahme für die Jugendlichen nicht zu verhindern ist. Bei Alina z. B. wirkte der Kontakt mit ihrer Familie während des Aufenthaltes in der Einrichtung als nicht angebracht. Auch bei Bettina wurde von allen Beteiligten empfohlen, zunächst eigene, neue Wege zu erarbeiten, bevor ein Kontakt mit dem schwer gewalttätigen Adoptivvater oder der Ursprungsfamilie für sinnvoll erachtet wurde. Bei Erik erfolgte die Ablösung von den Eltern bereits zum Zeitpunkt der Verlegung in ein Heim. Auch der Faden zur Ursprungs- und zur Pflegefamilie war abgerissen. Ähnlich negativ wirken sich Hilfeabbrüche aus. Sie geschehen aus verschiedensten Gründen, auch die zum Teil chronisch verfestigten Problemlagen der Jugendlichen haben einen Anteil daran. Ein nachgewiesenermaßen großer Anteil für Hilfeabbrüche liegt jedoch im Hilfestrukturbereich (Schmid 2010 a). Darauf soll deshalb im nächsten Kapitel zur interinstitutionellen Zusammenarbeit eingegangen werden.

Interinstitutionelle Zusammenarbeit

Seit viele Jugendhilfemaßnahmen bereits mit vollendetem 18. Lebensjahr der Klientel oder wenige Monate danach ihr Ende finden, kommt es häufig zu übereilten Sozialisationsprozessen, in denen die Entlassung zu schweren Rückfällen führt. In den Interviews der Studie KATA-TWG betrifft dies all jene Jugendlichen, die nicht im Sinne eines stufenweisen Ablösungsmodells in den Jahren nach dem Aufenthalt in der Einrichtung noch Hilfe in Anspruch nehmen konnten: z. B. Helena, Bettina und Erik. Nur durch das auf persönlichem Engagement beruhende, weiterlaufende Kontaktangebot der Bezugsbetreuer/-innen, abermals Hilfe zu vermitteln, gelingt den genannten Jugendlichen dann doch wieder der Ausstieg aus der Negativkarriere.

Hilfeabbrüche an Übergängen

Die Bewohnerin Helena, ursprünglich aus Äthiopien, aber bereits mit deutschem Pass, verließ z. B. die Einrichtung nicht auf eigenen Wunsch. Im Interview mit der Betreuerin Heidrun stellt sich heraus, dass vom Jugendamt aus die Jugendhilfe mit ihrer Eheschließung endete. Vermutlich war für Helena nicht nachvollziehbar, dass sie nach dieser wichtigen Lebensentscheidung nur wenige Tage Zeit für einen Umzug in eine neue Wohnung hatte: »Das hatte weitreichende Folgen für mich ...« Diese Ehe zu diesem Zeitpunkt einzugehen, sicherte jedoch den Aufenthaltsstatus ihres Ehemannes in Deutschland. Helena teilt damit eine immer häufiger werdende Erfahrung von Jugendlichen in stationären Einrichtungen der Jugendhilfe oder des Gesundheitssystems. Aufgrund mangelnder Finanzierung enden Hilfen häufig weit vor dem 27. Lebensjahr – trotz der extremen Problemlagen, die die Jugendlichen zu verarbeiten und in ihr Leben zu integrieren haben.

Bei Bettina war nach dem Auszug eine Überführung in eine Klinik geplant. Bettina war zu diesem Zeitpunkt nicht mehr »jugendhilfeberechtigt«, obwohl sie weder das 21. noch das 27. Lebensjahr überschritten hatte. Eine schmerzliche Odyssee begann, bei der sie schließlich in die Obdachlosigkeit geriet. Erik rutschte nach dem Übergang in eine »Erwachseneneinrichtung« ab, in der ein deutlich höheres Ausmaß an Selbstverantwortung verlangt war – was ihn zu diesem Zeitpunkt überforderte: Er geriet in lebensgefährliche und strafrelevante Eskapaden. Es gelang seinem Betreuer Eberhard nur mit viel Einsatz und Mühe, auf dem Amt für Erik überhaupt eine weitere Hilfe zu erwirken. Aufgrund des »Abrutschens« war er dort als »hoffnungsloser Fall« eingestuft worden, ein weiterer

Entzug wurde als nicht Erfolg versprechend eingeschätzt und daher für nicht mehr finanzierungswürdig erachtet.

Dass dies keine Einzelergebnisse sind, sondern ein deutschlandweites Versorgungsproblem, wird beim Einblick in den 13. Kinder- und Jugendbericht deutlich (BT-Drs. 16/12860 2009). Dort wird resümiert: »Es ist ein wesentliches Anliegen der Bundesregierung, eine konstruktive und verbindliche Zusammenarbeit bestehender Einrichtungen und Dienste herbeizuführen, um so die großen Chancen, die Prävention und Gesundheitsförderung für unser Gesundheitssystem und für unsere ganze Gesellschaft bieten, effektiver und effizienter zu nutzen (S. 7f.). Und weiter: »Hier bleibt Deutschland hinter seinen Möglichkeiten zurück« (ebd., S. 7). Wünschenswert nach den aktuell vorliegenden Ergebnissen wären »multimodale Versorgungsnetze« (S. 16). Dagegen zeichnet sich die momentane Lage dem Bericht zufolge vor allem durch auseinanderklaffende Zuständigkeiten aus. An dieser Situation hat sich bis heute nichts geändert. Auch der 14. Kinder- und Jugendbericht konstatiert: »Es ist der Bundesregierung ein wichtiges Anliegen, dass die unterschiedlichen Akteure, die für das gelingende Aufwachsen von Kindern und Jugendliche Verantwortung tragen, gerade an diesen Schnittstellen koordiniert und systematisch zusammenwirken« (BT-Drs. 16-1280 2013, S. 17).

Aufgaben der Kooperation im Jugendhilfebereich werden bis heute häufig unterschätzt. Der bekannteste Abwehrreflex gegen derartige Überforderungen ist »fachlicher Autismus« (du Bois 2004). Die Psychiatrie verfolgt ein medizinisches Krankheitsmodell, das von einem Defizit oder einer Störung ausgeht. Sie will Leiden verhindern oder zumindest lindern, Ursachen klären und »heilen«. Die Pädagogik hingegen orientiert sich am Modell der Förderung. Sie will Kräfte wecken, die sich zu einer Höher- und Weiterentwicklung nutzen lassen und an den gesunden Anteilen der Person orientieren. »Je nach fachlicher Orientierung sollen ›Verhaltensauffälligkeiten behandelt‹ oder ›belastende Lebenssituationen bewältigt‹ werden« (ebd., S. 1428). Seit der Verabschiedung des Psychotherapeutengesetzes (1998) führen auch die aus dem Gesundheitswesen finanzierten ambulanten Psychotherapeuten ein Einzelkämpferdasein. Die aufwendige zugehende und netzwerkintensive Arbeit ist in den Kassenverträgen nicht vorgesehen und in der ambulanten Psychotherapiepraxis kaum zu leisten (Gahleitner u. a. 2010).

Dabei hat der Anteil der gemeinsamen Klientel der Sektoren Jugendhilfe und Jugendgesundheit zugenommen (Beck & Warnke

Der Kooperationsbedarf wächst

2009 b). Von früheren Untersuchungen, die 10–15 % gemeinsame Kinder- und Jugendliche im Jugendhilfe- und Gesundheitssystem ausweisen, belegen die Zahlen bereits um das Jahr 2000 30 % gemeinsame Klientel (Darius u.a. 2001). Die Folge ist eine ausgrenzende Handlungspraxis: Für den medizinisch-psychotherapeutischen Bereich bleibt die Jugendhilfe auf die Funktion eines »Dienstleisters« beschränkt, die Jugendhilfe wiederum nutzt den medizinisch-psychiatrischen und psychotherapeutischen Bereich als »Reparaturbetrieb«. Betrachtet man zusätzlich die Beziehungen zwischen Jugendhilfe, Gesundheitsbereich und Schule, sind schulisches Scheitern, Klassenwiederholung, Sonderbeschulung oder Ausschulung, Schulverweigerung oder Straßenkarrieren oft das Ende einer Kette demotivierender und aggressionsfördernder schulischer Erfahrungen (Herz 2009). Es gibt in diesem Bereich also noch viel zu tun.

Was jedoch bedeutet Kooperation bei steigenden Anforderungen in der Versorgung von Kindern und Jugendlichen, und welche Wege gäbe es zu beschreiten? Zielsetzung wäre, Kinder und Jugendliche, die »verletzt wurden, verletzt sind und selbst verletzen« (Opp 2008, S. 75) angemessen zu versorgen. Eine angemessene professionelle Antwort auf gesundheitliche Überforderungen durch psychosoziale Verarbeitungsprozesse postmoderner Lebensverhältnisse fand jedoch nicht statt. Die momentane Versorgung beantwortet die dringlichen psychosozialen Problemlagen, die aus Familienzerfallsprozessen, aus Migrationsprozessen, aus sozialer Ausgrenzung bzw. Randständigkeit oder aus Armut resultieren, nicht ausreichend (BT-Drs. 16/12860 2009). Im 14. Kinder- und Jugendbericht wird diese Aussage zwar nicht mehr so eindeutig formuliert (BT-Drs. 16-1280 2013, S. 17), aber das Problem ist keineswegs gelöst.

Kinder- und Jugendliche, die an Abbrüchen und Diskontinuitäten in ihrem Leben leiden, brauchen nicht nur verlässliche Bindungspersonen im Familien- und Hilfeumfeld, sondern auch verlässlich-strukturierende Hilfenetzwerke (Gahleitner & Homfeldt 2012). Feste Einrichtungen, wie z.B. regelmäßige gemeinsame Fallkonferenzen an festgelegten Orten, auf die sich alle involvierten Fachstellen einigen müssen, klare Strukturen, Beschreibungen und Methoden des Vorgehens vermitteln Klientinnen und Klienten wie Professionellen Sicherheit und Halt. So können z.B. Meinungsverschiedenheiten über Diagnostik und Intervention sowie andere fachbereichsspezifische Vorstellungen aus dem medizinischen, psychologischen und sozialpädagogischen und schulischen Bereich regelmäßig ausgetauscht werden. Die gemeinsamen Aushandlungsprozesse erfordern zwar zunächst ein Mehr an Einsatz bzw. Arbeitskapazitäten, langfristig jedoch wird die Arbeit erheblich effektiver.

Verlässliche und verbindliche Hilfenetzwerke partizipativ gestalten

Verbindlichkeit entsteht auch durch dialogische Vorgehensweisen, ein wichtiger Schutzfaktor für gelingende Hilfeprozesse. Eine vertrauensvolle Einbeziehung der Hilfesuchenden ist nicht nur sinnvoll für den Informationsaustausch zwischen Betreuenden und Betreuten. Gelingt es, in den jeweiligen Jugendämtern fachbereichsübergreifende Fallkonferenzen auch dialogisch zu organisieren, laufen alle Informationen und bisherigen Hilfeversuche bei den Betroffenen selbst zusammen, und die Gefahr blinder Flecken in der Hilfeplanung ist minimiert. Ohne eine dialogische Rückversicherung greifen dagegen viele Hilfepläne gar nicht.

BEISPIEL **FÜR EINE GELUNGENE VERNETZUNGSARBEIT MIT EINER KLINIK** Aufgrund der komplexen Familienverhältnisse nach der Flucht aus einem kriegsbetroffenen Land kam es in Nadiyahs Herkunftsfamilie trotz beachtlicher materieller Ressourcen zu einer maßlosen Überforderung der Eltern, zu zahlreichen Auseinandersetzungen, Vernachlässigungssituationen und Rollenkonflikten. Nadiyah wurde dabei zur Managerin der Familienkonflikte, war stark in die suizidalen Phasen der Mutter einbezogen und im Alltag viel auf sich gestellt. Die Klinik wie auch die Einrichtung vermittelten Nadiyah erstmals ein Gefühl, angemessen Unterstützung von Erwachsenen zu erhalten, Raum für ihre eigene Entwicklung zu bekommen und langsam in Selbstverantwortung hineinzuwachsen. Zu ihrer Familie hatte sie dabei die ganze Zeit kaum Kontakt, nur zeitweise in einem angemessenen Abstand, um sich auf den Schulabschluss und den vernachlässigten Kontakt zu anderen Jugendlichen konzentrieren zu können. Gesine, ihre Betreuerin, und die Psychologin der Einrichtung fanden es dabei wichtig, die Generationengrenzen wieder zu stärken, die in der Familie durcheinandergeraten waren. Im Anschluss an die bereits intensive Arbeit in der Klinik konnte die Einrichtung hier sowohl in Vernetzung mit der Klinik als auch im engen Kontakt zu den Eltern Nadiyah zunächst eigenen Entwicklungsraum durch Abstand und schließlich eine Annäherung an die Familie unter neuen Bedingungen ermöglichen. ×

BEISPIEL **FÜR EIN BETREUUNGSNETZ AUS KLINIK, WG UND SCHULE** Felicitas, die auf eigenen Wunsch und nach einer langen Irrfahrt durch verschiedene Institutionen inklusive eines langen Klinikaufenthalts in die Einrichtung kam, scheiterte vorher mehrmals in anderen Institutionen: »Ich war damals noch nicht so weit ... ich hatte alles im Kopf geklärt, also ich wusste alles, was ... in der Familie nicht stimmt ... und dann habe ich halt den einzigen und letzten Selbstmordversuch gemacht.« Die schwere Essstörung und das selbstverletzende Verhalten begannen sich erst langsam zunächst in der Klinik und fortgesetzt dann in der Einrichtung zu ändern. Hilfreich für sie war nach ihrer Aussage besonders die Gesamtheit des Netzes von Personen und Einrichtungen, auf das sie stets zurückgreifen konnte – bis heute. »Das, was mir geholfen hat, ist, glaube ich, so ein Netz aus Klinik, WG und Schule gewesen ... also die drei Faktoren mussten zusammenwirken, damit es mir wieder besser geht.« In diesem Kontext des »Abgefedertseins« konnte dann auch die Elternarbeit passfähig gestaltet werden, zunächst in der Findung eines geeigneten Abstandes, später durch eine Wiederannäherung. Im Nachhinein ist Felicitas stolz auf das Ergebnis: »Dass ich es geschafft habe, anderthalb Jahre durchzuziehen, wo ich meine Mutter nicht gesehen habe und keinen Kontakt zu ihr hatte. Und, dass ich ... ein Gespräch mit ihr und der Fachleitung ... hatte und danach aber keinen Einbruch hatte, also ich mich so weit stabilisiert habe.« Diese Unterstützung im Umgang mit der Mutter identifiziert Felicitas zu diesem Zeitpunkt als eindeutig hilfreich für sich, auch wenn die Unterstützung lange Zeit vorher darin bestand, sie in ihren Abgrenzungswünschen zu stabilisieren. ×

Qualifizierte Vernetzungsarbeit bietet und benötigt Ressourcen

Ziel ist eine fallbezogene enge Zusammenarbeit mit maximalem Informationsaustausch

Qualifizierte Vernetzungsarbeit bedeutet, systematisch und kontinuierlich auf der Basis von gegenseitigem Respekt, Kenntnis und Anerkennung der jeweiligen Arbeitsaufgaben und Relevanzstrukturen Fall übergreifend Kooperationsnetze zu entwickeln. Dabei muss die Zielsetzung eine fallbezogene enge Zusammenarbeit mit maximalem Informationsaustausch sein, die einzelnen Jugendlichen und ihren Familien eine möglichst günstige Entwicklungsperspektive eröffnen. An Qualitäten braucht es dafür Transparenz, Klarheit in den Verantwortungs- und Kompetenzstrukturen, Planungssicherheit, Kontinuität und eine Beschleunigung der Wege, eine regelmäßige Zusammenarbeit der Fachkräfte und eine kontinuierliche Weiterentwicklung der Angebote und der Zusammenarbeit auch auf struktureller Ebene (vgl. ausführlich Gahleitner & Homfledt 2012).

Dafür bedarf es auch der Bereitstellung angemessener finanzieller, personeller und struktureller Ressourcen. Kooperation zwischen den verschiedenen Fachbereichen ist dabei ein fortwährender Prozess, der stets weiterentwickelt und von allen Beteiligten gepflegt werden muss. Unter diesen Bedingungen sind auch Handlungszwänge und institutionelle Grenzen einsichtiger, Reflexionsprozesse gedeihen und gemeinsame Lösungsmöglichkeiten entstehen. Bleibt man hier zwischen den einzelnen Fachstellen nicht wachsam, so schläft er ein, und es muss wieder von vorne begonnen werden. »Ein Kind mit einem ›komplexen‹ Hilfebedarf benötigt gerade keine komplexen Zuständigkeiten, keine ›hilflosen Helfer‹, die erleichtert sind, wenn ein anderer Fachbereich die Zuständigkeit übernimmt. Vielmehr müssen alle notwendigen Hilfen so auf die besondere, die individuelle Lebenssituation zugeschnitten sein, dass sie ›wie aus einer Hand‹ erscheinen.« (Freese u. a. 2009, S. 6)

Die Praxis vor Ort: Trauma- und beziehungssensible Diagnostik in stationären Einrichtungen der Kinder- und Jugendarbeit

Zum Beispiel Nathalie

NATHALIE **VORGESCHICHTE UND ANGEBOT DER SOZIALTHERAPEUTISCHEN WOHNGRUPPE** Nathalie[2] stammt aus einer Familie mit schwerer Alkohol- und Gewaltproblematik. Mehrere Kinder des Vaters aus vorherigen Beziehungen wurden durch das Jugendamt fremd untergebracht. Nathalie wuchs mit zwei jüngeren Schwestern und einem jüngeren Bruder bis zum 16. Lebensjahr bei den Eltern auf. Nathalie und ihre drei Geschwister leiden aufgrund des Alkoholmissbrauchs beider Eltern während der Schwangerschaft unter einer angeborenen Alkoholembryopathie und einer dadurch bedingten Intelligenzminderung. Nathalies Bruder weist eine Schädelfissur auf, vermutlich von einer frühen Misshandlung durch den Vater; die Mutter wurde wegen mehrerer ungeklärter Knochenbrüche im Krankenhaus behandelt. Die drei fremd untergebrachten Mädchen erzählen von zahlreichen aggressiven Ausbrüchen des Vaters, in denen er zunächst die Mutter, in der Folge jedoch auch die Kinder unkontrolliert schlug und mit Gegenständen z. T. gefährlich verletzte. Die Mutter sah sich außerstande, sich und die Kinder zu schützen, und gab die Verantwortung dafür bereits zu einem frühen Zeitpunkt an Nathalie ab. Nathalie hatte sich kurz nach der Entscheidung der nächstjüngeren Schwester, nach einem Krankenhausaufenthalt nicht mehr in die Familie zurückzukehren, gemeinsam mit ihrer anderen Schwester der Familientherapeutin anvertraut und kam mit 16 Jahren in die stationäre Jugendhilfeeinrichtung »Myrrha«.

Die sozialtherapeutische Mädchenwohngruppe »Myrrha« richtet ihr Angebot an Mädchen und junge Frauen, deren Entwicklung beim Verbleib in der Herkunftsfamilie nicht sichergestellt werden kann. Die Einrichtung war ehemals spezialisiert auf (sexuelle)

2 Dieses Kapitel und wie auch das Fallbeispiel stellen eine Weiterentwicklung einiger vorheriger Publikationen dar, insbesondere GAHLEITNER 2005 a und b sowie 2007.

Gewalterfahrung und wird zumeist in diesem Kontext belegt, in den vergangenen Jahren jedoch zunehmend auch mit Mädchen mit Borderline-Problematiken und frühen Bindungsstörungen. In der Einrichtung wird ein Milieu geschaffen, das den Mädchen und jungen Frauen ermöglicht, sich psychisch zu stabilisieren, (Selbst-) Vertrauen zu gewinnen, realistische Lebensperspektiven für sich zu entwerfen und umzusetzen, ein konstruktives Krisenmanagement zu erlernen sowie ein Netz förderlicher sozialer Kontakte aufzubauen. Das Team besteht aus Sozialarbeiterinnen, Psychologen, Erzieherinnen, einer Kinder- und Jugendlichenpsychotherapeutin und einer Kunst- und Kreativtherapeutin. Fast alle Mitarbeiter verfügen über fachspezifische Zusatzqualifikationen. Dies ermöglicht eine fruchtbare interdisziplinäre Zusammenarbeit.

Jede Jugendliche hat »ihre« Bezugsbetreuung, d. h. jemand aus dem Betreuungsteam ist jeweils speziell für eine Jugendliche zuständig und pflegt mit ihr in regelmäßigen Gesprächen eine besondere Beziehung. Hier wird der Alltag umfassend pädagogisch begleitet und die gemeinsame Planung konkret anstehender Schritte besprochen. Eine Kinder- und Jugendlichenpsychotherapeutin und eine Kreativtherapeutin unterstützen den Prozess. Geraten die Bewohnerinnen in Krisen, werden sie sowohl von der Bezugsbetreuung als auch vom Team unterstützt – sei dies nun im Rahmen der stationären Einrichtung selbst oder durch eine kurzzeitige Unterbringung in einer Kriseneinrichtung oder Klinik. Im Weiteren geht es darum, die Krise im geschützten psychotherapeutischen Setting zu reflektieren, mit der eigenen Biografie zu verbinden und Bewältigungsmöglichkeiten zu entwerfen. Im Übergangsraum der Kreativtherapie werden Alltagssituationen mit therapeutischer Qualität aufgesucht und den Mädchen angeboten – durch Gruppenarbeitsangebote, jedoch auch situativ. Von der gesamten Einrichtung wird die Jugendliche gefördert und unterstützt, Strategien zu entwickeln und umzusetzen, um möglichen weiteren Krisen vorzubeugen bzw. sie zu meistern.

Wo dies möglich ist, wird mit den Familien der Bewohnerinnen zusammengearbeitet. Außerdem pflegt das Team in regelmäßigen Fallbesprechungen und kontinuierlicher Supervision interdisziplinären Austausch. Auch mit anderen Einrichtungen und Stellen wie der Kinder- und Jugendpsychiatrie, stationären psychiatrischen Einrichtungen und Beratungsstellen arbeitet das Team zusammen. In den Hilfekonferenzen, in denen die Erfahrungen, die alle Beteiligten mit den Jugendlichen gemacht haben, sowie die Einschätzungen bezüglich des Entwicklungsverlaufes zusammenfließen, wird die weitere Hilfeplanung gemeinsam festgelegt. Die Jugendlichen erleben und gestalten auf diese Weise unterschiedliche Beziehungsqualitäten: mit den Peers, mit den Betreuerinnen und Betreuern, mit den Therapeutinnen und Therapeuten und mit der Leitungskraft. ×

Im Folgenden wird am Beispiel von Nathalie das Vorgehen trauma- und beziehungssensibler Diagnostik und Intervention in der konkreten Handlungspraxis anhand mehrerer systematischer Schritte veranschaulicht.

Psychosoziale Diagnostik

Diagnose, ursprünglich aus dem Griechischen, bedeutet »Auseinanderkennen« der Merkmale eines Gegenstandes, einer Person oder eines Systems. Ob wir das bewusst vorhaben oder nicht, im professionellen Alltag nehmen wir ständig Einschätzungen über »Gegenstandsbereiche von Personen« vor. Ob Kinder oder Jugendliche »so und so sind«, bei uns »das und das auslösen« – ständig formulieren wir dabei diagnostische Einschätzungen. Diagnostik in stationären Kontexten der Kinder- und Jugendarbeit ist dabei – entlang der oben erarbeiteten Kompetenzbereiche – in besonderer Weise verpflichtet, die Schnittstelle zwischen psychischen, sozialen, physischen und alltagssituativen Dimensionen auszuleuchten. Zu einem selbstverständlichen Umgang mit Multiproblemlagen gehört daher ein interdisziplinäres und mehrdimensionales Vorgehen – auch in der Diagnostik (zum biopsychosozialen Ansatz vgl. Gahleitner, Hintenberger & Leitner 2013).

Psychosoziale Diagnostik muss interdisziplinär und mehrdimensional erfolgen

Nur ein mehrdimensionales, interdisziplinäres Vorgehen wird ein bindungs- und traumasensibles Verständnis einer Situation, wie sie Nathalie erfährt, ermöglichen. Nur auf dieser Basis ist eine ebenso bindungs- und traumasensible Interventionsgestaltung zu planen. Bedauerlicherweise klafft im Diagnostikbereich ein besonders tiefer, als historisch zu begreifender Graben zwischen den verschiedenen Berufsgruppen. Eine praxisnahe, interdisziplinäre Diagnostik sollte auf jeden Fall medizinische, psychologische und sozialpädagogische Wissensbestände nutzen. Wie jedoch kann eine für die Praxis brauchbare trauma- und beziehungssensible diagnostische Abklärung erfolgen? Wie kann sie lebens-, subjekt- und situationsnah bleiben? Heiner (2010, 2013) hat für diese mehrdimensionale

Anforderung an psychosoziale Diagnostikprozesse die Begrifflichkeit »Diagnostisches Fallverstehen« geprägt (vgl. auch den Begriff »traumapädagogisches diagnostisches (Fall-)Verstehen« nach GAHLEITNER & WEISS 2016). Im Folgenden soll am Beispiel von Nathalie ein Modell vorgestellt werden, das sich entlang dieser Logik gut eignet, die diagnostischen Kompetenzen aller in stationären Kontexten arbeitenden Perspektiven einzubeziehen. Das Modell erlaubt, die verschiedenen Aspekte aus der Biografie und Lebenswelt der Kinder- und Jugendlichen – gemeinsam und sinnverstehend zusammenzutragen (Abbildung 3; vgl. zur Herleitung des Modells vor allem GAHLEITNER & PAULS 2013; zum Überblick über psychosoziale Diagnostik vgl. GAHLEITNER, HAHN & GLEMSER 2013).

ABBILDUNG 3 **Diagnostisches Fallverstehen**

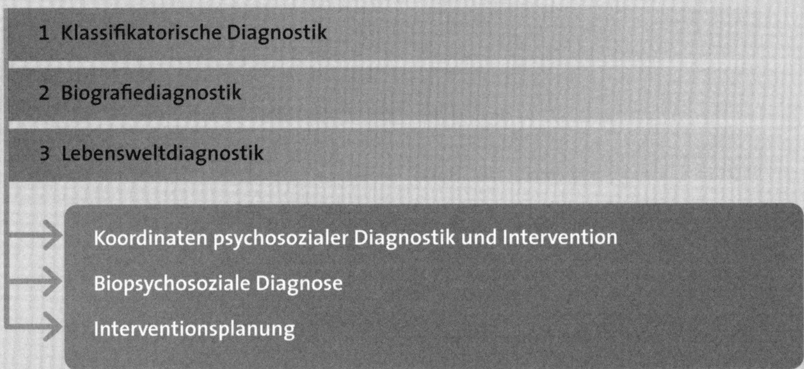

Erster Schritt: Klassifikatorische Diagnostik

Voraussetzung für die Zuweisung zu den meisten stationären Hilfen für Kinder und Jugendliche ist in vielen Fällen die klassische psychopathologisch-psychiatrische Diagnostik. Auch wenn das Erstellen diagnostischer Einschätzungen oder Gutachten in der Regel an psychologische oder psychiatrische Kolleginnen und Kollegen delegiert wird, ist es unabdingbar für jede interdisziplinäre Zusammenarbeit und jedwede Berufsgruppe innerhalb der Jugendhilfe, sich in den Systemen zurechtzufinden sowie diese Diagnostik nachvollziehen, anwenden und auch kritisch hinterfragen zu können. Nur so kann kategoriale Diagnostik sinnvoll in den weiteren Hilfeprozess eingebettet werden.

Klassifikatorische Diagnostik

Klassifikatorische Diagnostik gibt Einteilungen vor, um Symptome jeweils einer oder mehreren Diagnosen zuordnen zu können und damit eine Suchrichtung für wichtige störungsspezifische Behandlungsentscheidungen und Vorgehensweisen zu erhalten. Standardisierte Klassifikationssysteme zur medizinischen und psychiatrischen Diagnostik wie das International Classification of Diseases (ICD-10) der WHO (2009), das in Deutschland genutzt wird, werden in internationalen Konsensgemeinschaften erarbeitet und erhalten dadurch überregionale Verbindlichkeit. In der Entstehung der Kategorien spielen Normalitätskonstruktionen eine große Rolle – ein Umstand, der berechtigterweise Kritik hervorruft (vgl. z. B. Schulze 2008). Inzwischen wurden jedoch auch Klassifikationssysteme für die stärkere Einbeziehung sozialkritischer Dimensionen entwickelt (für die Jugendhilfe siehe unten; für Behinderung vgl. z. B. ICF, Schuntermann 2018; für Lebenslagen vgl. z. B. PIE, Karls & Wandrei 2008).

Einbeziehung biografisch-sozialer Aspekte mit Hilfe von MAS

Im Kinder- und Jugendbereich verfügt jedoch auch das ICD-10 in der Version des sogenannten »Multiaxialen Diagnosesystems«, kurz MAS, über verschiedene Unterachsen (Remschmidt u. a. 2012), die eine Berücksichtigung biografisch-sozialer Aspekte ermöglichen. Auf den Unterachsen sind Aspekte wie Teilleistungsstörungen, Intelligenzniveau und körperlich-medizinische Aspekte verzeichnet, vor allem aber auch für den sozialen und pädagogischen Bereich bedeutsame Aspekte wie »psychosoziale Umstände« während des Aufwachsens, wie z. B. Kindesmisshandlung oder Vernachlässigung, und eine letzte Achse für das psychosoziale Funktionsniveau. Das MAS bietet gute Ansatzpunkte für eine interdisziplinäre Verständigung. Bei gegenseitigem Respekt liefert die von psychosozialen Berufsgruppen beigesteuerte Biografie- und Lebensweltdiagnostik wertvolle Hinweise für die Ausgestaltung dieser Achsen für Medizin und Psychologie. Mediziner und Psychologinnen wiederum bereichern den Kinder- und Jugendbereich durch störungsspezifische Skalen und Instrumente aus dem psychodiagnostischen Bereich (Überblick bei Goldbeck & Stieglitz 2009).

NATHALIE **SYMPTOME NACH ICD** Nathalie litt zum Aufnahmezeitpunkt unter starker Unruhe, unter Erregungszuständen und Ängsten, die sich in der Umkehrung auch manchmal in aggressiven Durchbrüchen äußerten. Sie hatte ein sehr schlechtes Selbstbewusstsein, isolierte sich häufig von den anderen Mädchen der Gruppe und hatte wenig Zugang zu ihren Gefühlen und zu sich selbst als Person. Nathalie konnte trotz großer Anstrengungen und Nachhilfestunden auch die Sonderschule nicht abschließen. Nachts litt sie unter Albträumen und zeigte auch tagsüber pseudopsychotische Erscheinungen wie Stimmen, Wesen oder Schatten, die sie bedrohten.

Auf der 1. ICD-Achse für Kinder und Jugendliche zeigte Nathalie in einem störungsspezifischen Testverfahren für die Posttraumatische Belastungsstörung (F 43.1 nach ICD-10) erwartungsgemäß durchgängig Spitzenwerte. Ihre Symptomatik wäre mithilfe der Beschreibung der Traumaentwicklungsstörung (vgl. das Kapitel »Traumafolgen«) noch wesentlich besser erfassbar, diese ist jedoch im ICD-System nicht verschlüsselbar. Auf der 2. Achse der Teilleistungsstörungen ergab sich keine Klassifikation, da Nathalie auf der 3. Achse des Intelligenzniveaus erwartungsgemäß durch die Alkoholembryopathie eine starke Intelligenzminderung an der Grenze zur geistigen Behinderung aufwies. Auf der 4. Achse der körperlichen Krankheiten zeigte sich nichts manifest, jedoch klagte Nathalie über einige unspezifische Schmerzen in Kopf, Unterleib und am Knie, auf die weiter unten nochmals eingegangen wird. Die 5. Achse der psychosozialen Umstände kann nach ICD mit abnormen intrafamiliären Beziehungen (1.3 Kindesmisshandlung) und einigen weiteren Punkten, die 6. Achse des psychosozialen Funktionsniveaus mit der Klassifikation 5 für beträchtlich gemindert beschrieben werden. Die beiden letzten Achsen sind jedoch nach ICD sehr grob verschlüsselt, daher nur bedingt aussagekräftig und sinnvollerweise durch weitere diagnostische Bemühungen aus dem psychosozialen Bereich zu ergänzen. ×

Diagnostikinstrumente der Kinder- und Jugendhilfe

In der Kinder- und Jugendhilfe hat sich in den letzten Jahren im Diagnostikbereich viel entwickelt. Es gibt eine Reihe geeigneter Instrumente für spezifische Hilfesegmente wie z. B. die Sozialpädagogische Diagnose des Bayerischen Landesjugendamtes (2009), die den erzieherischen Bedarf nach Risiken und Ressourcen in einer Kurzfassung von 20 Merkmalen zusammenfasst, oder das multiaxiale Diagnosesystem Jugendhilfe (MAD-J; Jacob & Wahlen 2006), das sich insbesondere dem Aspekt des Erziehungsauftrages der Eltern widmet, um nur einige Beispiele zu nennen. Die PRO-ZIEL-Basisdiagnostik (Heiner 2004, 2010, 2013) versucht bereits, kategoriale sowie biografische und lebensweltorientierte Aspekte zusammenzuführen und leitet damit über zum Abschnitt der Biografiediagnostik. Hervorzuheben ist auch, dass bei diesem Instrument der Rubrik »Beziehung Kind bzw. Jugendliche und Fachkraft« dem Erleben der dialogischen Arbeitsbeziehung einiges Gewicht eingeräumt wird. Der Name verweist darauf, dass in diesem Verfahren die Zielfindung und die Evaluation des Interventionsprozesses zugleich mit dem Diagnoseprozess verklammert werden, sodass auch Möglichkeiten der Qualitätssicherung damit verbunden sind. Viele dieser neu entwickelten Instrumente lassen sich hervorragend ergänzend und qualitätssteigernd zum ICD in diesem Diagnoseschritt nutzen.

Zweiter Schritt: Biografiediagnostik

Ein Trauma entfaltet seine Wirkung im Spannungsfeld von subjektiven und objektiven Umfeldfaktoren. Auf einem subjektiven Hintergrund, der durch entwicklungsbedingte Verletzlichkeiten sowie individuelle Vorerfahrungen geprägt ist, erlebt das Kind die auftreffenden Umfeldfaktoren. Das traumatische Erlebnis wiederum wird durch entwicklungsbedingte Prozesse ständig aktualisiert und modifiziert. Jede Entwicklungsstufe stellt das traumatisierte Kind vor neue Anforderungen, deren Wahrnehmung und Bewältigung durch die Geschichte der vorangegangenen Erfahrungen – wie durch ein Prisma »aktiv wirkender Biografie« (Röper & Noam 1999, S. 241) – geprägt sind. Die Biografie und Entwicklung eines Menschen bietet daher einen wichtigen Referenzrahmen für die Diagnostik traumatischer Erfahrungen.

Entwicklung unter traumatischen Bedingungen

Die sozialen Beziehungen sind häufig bereits in der Kindheit durch früh erworbene Bindungsbeeinträchtigungen lückenhaft, regressive Erscheinungen lassen das Kind selbst an kleineren Entwicklungsanforderungen scheitern. Im Jugendalter kulminieren Chancen und Anforderungen durch Autonomie- und Integrationsprozesse. Für traumatisierte Jugendliche bedeutet dies häufig die krisenhafte Aufdeckung der zahlreichen erlittenen Traumata. Die Wahrnehmung natürlicher Entwicklungsaufgaben der Adoleszenz wird dadurch nachhaltig beeinträchtigt. Der Wunsch, alles ungeschehen zu machen und es anderen gleichzutun, wie auch die Unfähigkeit, diesen Wunsch zu realisieren, stürzen sie zusätzlich in destruktives Ausagieren und führen zu Chronifizierungen, die sich bis ins Erwachsenenalter erstrecken (Bürgin 1999).

Um diese – für die stationäre Kinder- und Jugendarbeit – unausweichliche Bedeutung entwicklungs- und biografieorientierter

Der biografie- und subjektorientierte Zugang

Prozesse einzufangen, benötigt man einen biografisch kontextualisierten und subjektorientierten Zugang. Hier bieten sich fallverstehende Modelle aus der Biografieforschung und angrenzenden Bereichen der Sozialen Arbeit an. Die hierzu entwickelten Erhebungsverfahren sind vielfältig. In der Integrativen Therapie und Beratung wird eher abbildungsorientiert mit dem »Lebenspanorama« gearbeitet (vgl. z. B. Petzold u. a. 2000). Methoden der Biografiearbeit nutzen offene Anamnese- und Gesprächssituationen zwischen den Kindern und den Betreuerinnen (vgl. z. B. Fischer & Goblirsch 2004; Gahleitner u. a. 2009).

NATHALIE BIOGRAFIEANALYSE Im Lebenspanorama zeigte sich die fortlaufende Absorbiertheit Nathalies durch die häusliche Gewaltsituation. Erinnerungen an die Kindheit bestanden vor allem in zwei Extremen: in Gewaltsequenzen, in denen Nathalie stets den Auftrag hatte, die anderen Kinder im Kinderzimmer zusammenzuholen und zu schützen; im Gegenteil dazu in Zeiten ohne Alkohol in harmonischen, für sie sehr positiv besetzten Familienszenen wie Weihnachten oder gemeinsamen Unternehmungen. Diese Sequenzen wurden im weiteren Verlauf von Nathalie nochmals aus dem Lebenspanorama heraus vergrößert (siehe Abbildung 4).

ABBILDUNG 4 Teile aus dem Lebenspanorama

Viele Abschnitte der Kindheit lagen jedoch im Dunkeln. In der Gesamtanamnese der Auswertung des Lebenspanoramas und des Verhaltens im Lebensalltag zeigte sich eine stark vermeidende Bindungsorganisation mit einem beachtlichen Anteil desorganisierten Bindungsverhaltens. Dennoch war es möglich, an Bindungsressourcen anzuknüpfen, die vermutlich aus einem frühen Kontakt mit dem Großvater stammten: Er hatte die Kinder in deren ersten Lebensjahren betreut und spielte für Nathalie eine große Rolle. Allerdings hatten die Alkoholembryopathie und die frühen und fortgesetzten schweren Traumatisierungen bei Nathalie zu schweren Entwicklungsdefiziten geführt, insbesondere auf der emotionalen und kognitiven Ebene. Nathalie scheiterte daher an altersangemessenen Kompetenzanforderungen in Kita, Schule und anderen Sozialisationsinstitutionen.
Analysiert man Nathalies Biografie anhand der in Abbildung 5 (S. 90) dargestellten Dimensionen wie Bindungsorganisation, Schutz- und Risikofaktoren, Lebenschancen und Lebenskrisen und der emotionalen, kognitiven wie sozialen Entwicklungslinien, kommen auch Ressourcen in den Blick. Es zeigt sich, dass Nathalie trotz zahlreicher negativer Einflussfaktoren die Adoleszenzphase nutzen konnte, um sich Hilfe suchend an die Familientherapeutin zu wenden und in einer Einrichtung Zuflucht zu suchen. Dies ist umso beachtlicher, da die Familie während Nathalies Kindheit nach außen hin hermetisch abgeriegelt war. Dies führte zu einer sozialen Abschottung und einem Entwicklungsdefizit im sozialen Bereich, das sich bis heute in sozialen Rückzugstendenzen und verminderter Bezogenheit zeigt. In der alltäglichen Dynamik zeigte sich auch in der Einrichtung immer deutlicher, dass Nathalie dem eigentlich guten Kontakt in Konfliktfällen auswich und in starke Ängste geriet. ×

Biografiearbeit mit Lebensbüchern

Wie Nathalie wissen Mädchen und Jungen, die in Gewaltsituationen aufwachsen oder aber aus diesem Grund früh oder immer wieder fremd untergebracht werden, häufig nur sehr wenig über ihren bisherigen Lebensweg. Ein schönes Beispiel für eine behutsame Erhebung biografischer Aspekte bieten traumapädagogische Ansätze der Biografiearbeit mit Kindern in stationären Einrichtungen entlang von Lebensbüchern (Krautkrämer-Oberhoff 2013). Sie eröffnen eine Chance, sich »Teile der verlorenen Lebensgeschichte zurückzuerobern« (S. 115). Das Erzählen hilft nicht nur dem Wiedererinnern, feststeckende vage alte Erfahrungen können sich auch wieder »verflüssigen … zu fühlbaren und emotionalen Ereignissen.

ABBILDUNG 5 Biografieanalyse

Lebensphase	
Frühe Kindheit	Unsicher vermeidende Bindung mit desorganisierten Anteilen → Desorganisation auf der Ebene der Bindung, der Affekte und der Physiologie → Regulationsversuche (mithilfe Schutzfaktor Großvater)
Kindheit und Jugend	Verminderte emotionale, kognitive und soziale Entwicklung → Regulationsversuche der Initialfolgen, weitere Übergriffe → Scheitern an Entwicklungshürden (Schule, soziale Anforderungen, altersangemessene Kompetenzen)
Adoleszenz	→ Adoleszenzhürden: Selbst- und Identitätserleben bzw. Selbstregulation gemindert, Lernprozesse und Entwicklung von Partnerschaft / Sexualität / Peersuche gehindert → Dysfunktionalität früher Bewältigungsmechanismen (Chronifizierung zu Langzeitfolgen) → Entwicklungsrückstände, jedoch auch erstes Bewusstsein darüber und Zufluchtsuche
Erwachsenenalter?	→ Vulnerabilität bis ins hohe Alter oder Chance zur Konsolidierung?

Das Lebensbuch bietet in kindgerechter Weise Anreize über die eigene Person, die Herkunft und das bisherige Gewordensein nachzudenken und dabei Erlebnisse und Erfahrungen zu erinnern, zuzuordnen und in einen Zusammenhang zu bringen« (ebd.). So können Kinder bzw. Jugendliche verstehen lernen, »dass es nicht … [ihre] Schuld war, dass das familiäre Zusammenleben gescheitert ist« (S. 120) oder Gewalt vorherrschte. Im Interventionsteil des nächsten Kapitels wird dieser Gedanke erneut aufgegriffen.

Diagnostik ist immer auch Intervention

Gerade die subjektiv-biografischen Selbstdeutungen der Kinder- und Jugendlichen bleiben im medizinischen System oftmals unberücksichtigt. Sie können und sollten deshalb von der Sozialen Arbeit in interdisziplinäre Diagnostikprozesse eingebracht werden. Diagnostik ist dabei auch immer schon Intervention. Biografiearbeit bietet dem Kind die Chance, die eigenen Erinnerungen zu vervollständigen, die damit verbundenen Gefühle besser kennenzulernen, um sie allmählich als Teil eigener Geschichte zu akzeptieren und im günstigsten Falle zu integrieren. Die subjektiven Bedeutungskonstruktionen und Erfahrungsaufschichtungen werden für die Kinder verfügbar und unterstützen somit die oben angesprochenen Mentalisierungsprozesse. In diesem Vorgehen lässt sich außerdem ein bindungssensibles Instrument, das sogenannte Adult-Attachment-Interview integrieren (abgekürzt: AAI; MAIN & GOLDWYN 1996; vgl. BUCHHEIM & STRAUSS 2002, S. 29–35). Es soll jedoch aufgrund der Überschneidung mit der lebensweltorientierten Diagnostik erst im nächsten Abschnitt geschildert werden.

Dritter Schritt: Lebensweltdiagnostik

Aufgrund ihrer prägenden Wirkung für die Persönlichkeit verzerren frühe traumatische Erfahrungen die Erwartungen von Kindern und Jugendlichen an die Welt, an zwischenmenschliche Beziehungen und auch an sich selbst. Lebensweltorientierte Diagnostik erfasst diese nicht gelingende, jedoch teilweise trotz allem gelingende »Passung« zwischen Subjekt und Außenwelt. Dafür sind sozial- und lebensweltorientierte diagnostische Instrumente ein zentrales Element. Auf der Grundlage einer bewusst methodisch offen gestalteten professionellen Anamnese- und Diagnosehaltung können in der Lebensweltdiagnostik soziale, psychische und körperliche Phänomene unter Einbeziehung soziologischer Parameter zusammengedacht werden. Neben standardisierten Persönlichkeitstestverfahren lässt sich das Ausmaß der Beeinträchtigung auf der Ebene der »Person-in-der-Situation« z. B. sehr umfassend mit den »fünf Säulen der Identität« aus dem Konzept der Integrativen Therapie und Beratung erheben (vgl. z. B. PETZOLD u. a. 2000).

Die fünf Säulen der Identität

Die fünf Säulen der Identität – Leiblichkeit bzw. Gesundheitszustand, soziales Umfeld, Arbeit/Freizeit/Leistung, »materielles und kulturelles Kapital« (BOURDIEU 2015) und Wertvorstellungen – werden entlang der subjektiven situativen Wahrnehmung der Kinder und Jugendlichen bildlich oder sprachlich dargestellt. Jede der Säulen lässt sich auf Bedarf vertiefen, entweder im weiteren Austausch darüber oder aber durch zusätzliche diagnostische Verfahren. Die Säule der Leiblichkeit kann durch Körperbilder (sogenannte

»Bodycharts«; vgl. PETZOLD u.a. 2000) ergänzt werden. Das soziale Umfeld und seine Bedeutung für die Betroffenen können neben dem hinreichend bekannten Genogramm mithilfe des sozialen oder sozio-kontextuellen Atoms (MÄRTENS 1997) diagnostisch erfasst werden. Damit verbildlicht man den Personenkreis, mit dem ein Individuum in einer bestimmten Lebensphase in engem emotionalen Austausch steht oder stand. Alle bedeutsamen Personen werden dafür symbolisch auf einem Blatt platziert und in entsprechenden Abständen um die Klientin bzw. den Klienten gruppiert. Zudem kann jede Person, um die Art der Beziehung deutlich zu machen, mit einer Farbe versehen werden und zusätzlich mit einem Satz, den sie oder er typischerweise im Verlauf des Lebens an das Opfer gerichtet hat. Das soziale Netzwerkinventar lässt sich zu einer Ecomap (COURNOYER 2002, S. 312–315; vgl. ausführliche Beschreibung des Vorgehens bei PAULS 2011; vgl. weitere Verfahren der Lebensweltdiagnostik in den Herausgeberbänden PANTUČEK & RÖH 2009 sowie HEINER 2004) ausweiten, die in den sozialen Kontext einer Person zusätzlich die beteiligten Institutionen und das Hilfenetzwerk integriert und damit die umgebende soziale Welt repräsentiert.

NATHALIE **LEBENSWELTANALYSE** Nathalie skizzierte die »fünf Säulen der Identität« zunächst etwas schematisch, mithilfe von außen und fast »pflichtbewusst« (siehe Abbildung 6). Dabei wurde deutlich, wie schwierig es für sie war, überhaupt ein prägnantes Bild von sich selbst und ihrer momentanen Situation zu entwerfen. Selbstwert, Selbstgefühl, Selbstbewusstsein, Selbstwahrnehmung, alle Bezüge zu sich selbst und zu anderen mussten bei ihr wie bei vielen traumatisierten Kindern erst entwickelt bzw. vage Empfindungen dazu erst »mentalisiert« werden: Aspekte wie Gesundheitszustand, soziales Umfeld, Freizeit, Schule oder gar ihr subjektives Wertegefüge mussten erst Stück für Stück entwicklungsgerecht erschlossen werden. Über weitere Methoden gelang ihr eine Präzisierung ihrer eigenen Situation und ihres Bezugs zu sich selbst und zu anderen.

Aus dem Körperbild z.B. ließen sich an Auffälligkeiten ableiten: andauernder Knieschmerz, Unwohlsein im Unterleib und häufig wiederkehrende Kopfschmerzen. Eine medizinische Abklärung durch die Hausärztin ergab neben der Alkoholembryopathie einen vermuteten Spannungskopfschmerz, psychosomatische Unterleibsschmerzen und einen interessanten Befund für das Knie. Nathalie hatte vor vielen Jahren einen Unfall mit dem Fahrrad erlitten, dessen Folgen

ABBILDUNG 6 Fünf Säulen der Identität

eigentlich als körperlich ausgeheilt betrachtet werden konnten. Bei der Befunderhebung erinnerte sie jedoch, dass sie damals nach dem Unfall vom Vater verprügelt wurde, weil sie »nicht richtig aufgepasst hatte«. Der Schmerz hatte sich offensichtlich dort niedergelegt und erklärte zugleich, weshalb Nathalie zwar Rad fahren konnte, aber im Straßenverkehr eine echte Gefahr für sich selbst und andere Verkehrsteilnehmer darstellte.

Als besonders hilfreich erweisen sich viele der explorativen kreativen Diagnostikmethoden im Traumabereich, wenn man als Ausgangspunkt wie in Abbildung 7 die traumatische Situation wählt und diese mit der heutigen aktuellen Lage der Kinder und Jugendlichen vergleicht. Zumeist erschließt sich dadurch eine ressourcenorientierte Perspektive, die den Behandlungsverlauf sehr positiv zu beeinflussen vermag. Insofern können alle diese Instrumente prozessual im Verlauf wieder und wieder genutzt werden. In der Exploration des sozialen Umfeldes z. B. wurde der Unterschied zwischen der Situation als Kind und einer späteren Situation in der Einrichtung

ABBILDUNG 7A Ecomap in der traumatischen Situation

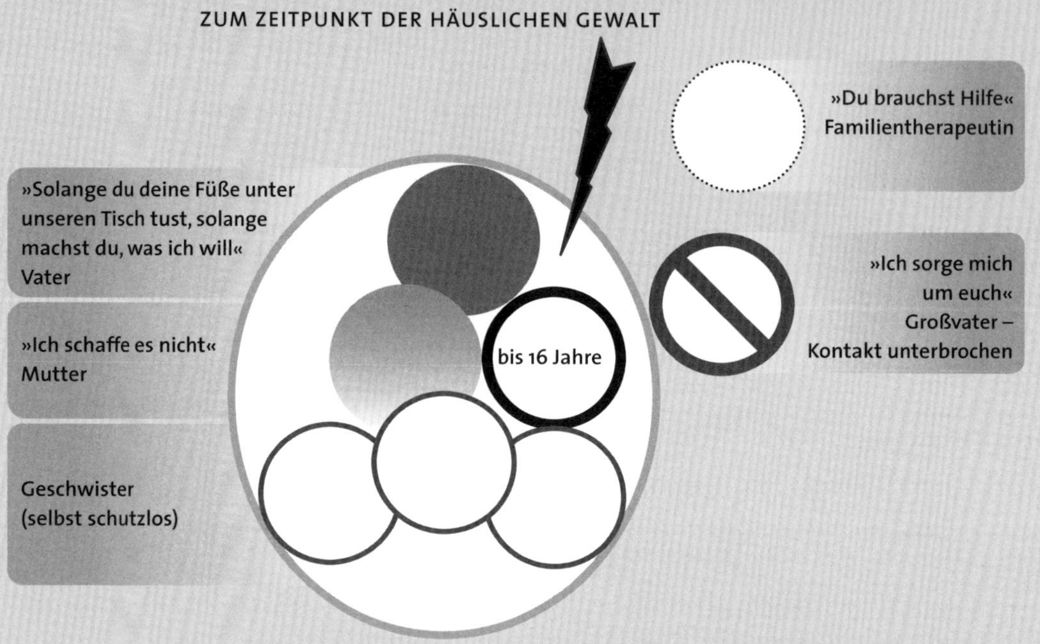

für Nathalie sehr plastisch. Der positiv stützende Kontakt zu den Mitarbeiterinnen und Bewohnerinnen der Einrichtung sowie zu ihren Geschwistern wird genauso sichtbar wie die größere und befreiende Distanz zu den Eltern. – Die drei Säulen der Leistung, Lebensgestaltung und Werthaltung ergaben sich bereits kurz nach der Aufnahme aus Gesprächen mit Nathalie. Sie zeigte sich angesichts der schulischen Anforderungen sehr verzweifelt und deutlich überfordert. Daraus entstand in der Einrichtung der Schwerpunkt, die schulische und berufliche Perspektive von Nathalie gut in den Blick zu nehmen und zügig voranzutreiben. Dies erschien insbesondere deshalb sinnvoll, weil Nathalie auf der Säule der Wertedimension sowohl die Notwendigkeit einer materiellen Grundversorgung als auch ein Engagement für Kinder, Schwächere der Gesellschaft und Tiere für sich deutlich machen konnte. Bei beiden Aspekten wird so die Quelle der materiellen Unterversorgung und der frühen Verantwortungsüberforderung in der Gewaltfamilie sichtbar, die aber auch konstruktiv für die weitere Entwicklung Nathalies als Ressource nutzbar war. ×

ABBILDUNG 7B Ecomap in der aktuellen Situation

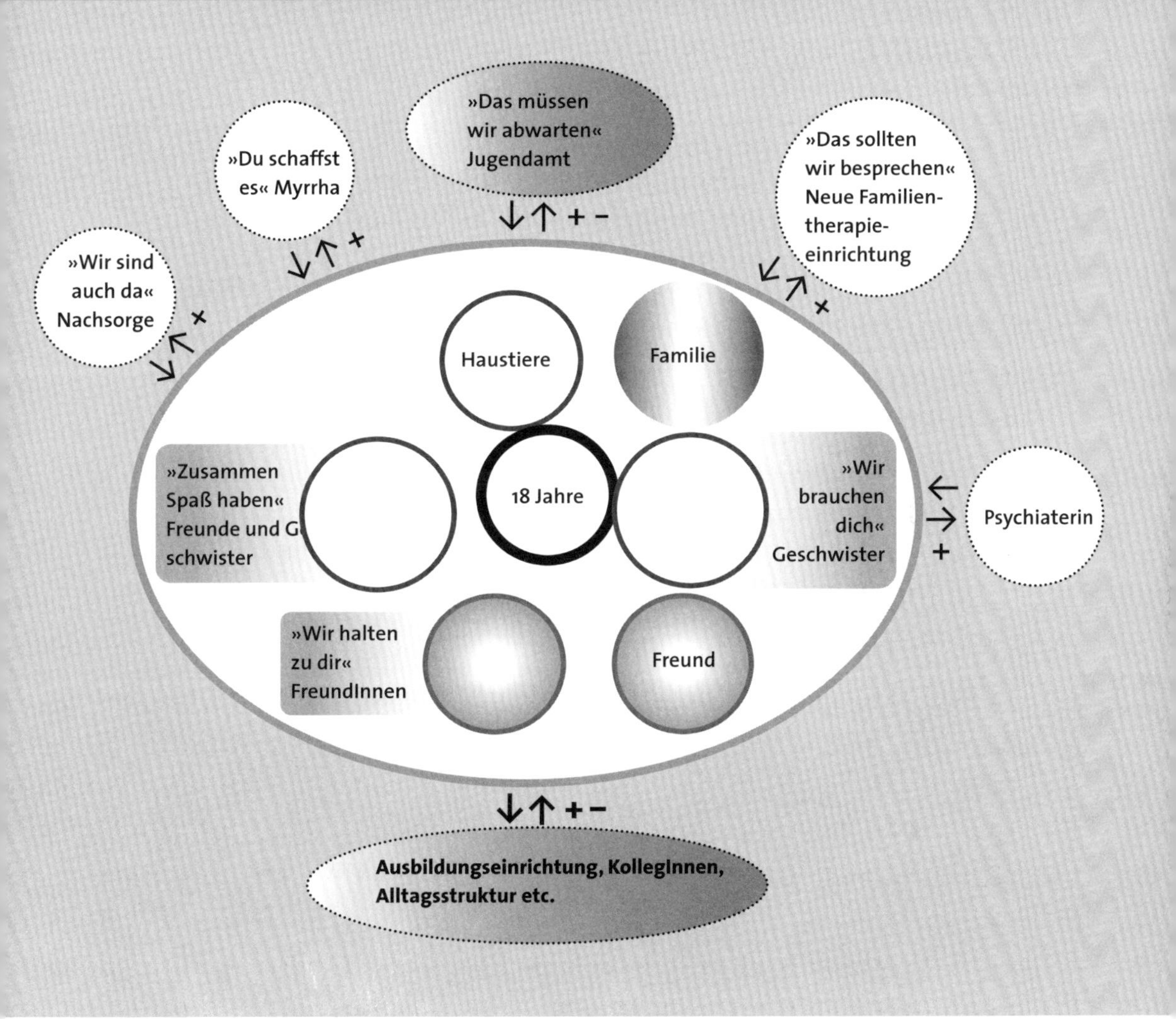

Das Erwachsenenbindungsinterview: Hinweise auf Bindungsorganisationen verstehen

Die beziehungs- und netzwerkrelevanten Erhebungsinstrumente erfassen den aktuellen Stand der Verarbeitung der ehemals erlebten Bindungserfahrungen. An dieser Stelle berührt das sozio-kontextuelle Atom das Erwachsenenbindungsinterview (AAI; siehe oben; Gloger-Tippelt 2001). Das Interview wird im Volldurchlauf durch 18 Fragen strukturiert, lässt sich jedoch leicht in narrative Erzählsequenzen rund um die Erhebung des sozio-kontextuellen Atoms integrieren, die wertvolle Informationen über die Ursprungsfamilie und weitere wichtige Umfeldpersonen abbilden. Bei der Auswertung der Erzählsequenzen zu wichtigen Bindungspersonen steht jedoch

nicht so sehr der Inhalt im Vordergrund, sondern vielmehr die Art und Weise, wie über die Erfahrungen erzählt wird.
Sichere Bindungsorganisationen zeichnen sich dabei durch offene, kohärente und konsistente Erzählweise aus, die in ein insgesamt wertschätzendes Gesamtbild einmünden. Jedoch können emotional schwingungsfähig und selbstreflexiv auch negative Erfahrungen reflektiert werden. Soziale Netzwerke besitzen eine große Bedeutung. Bindungsdistanz zeigt sich in eher unvollständigen Angaben über die Kindheit bis hin zu Erinnerungslücken. Die Bedeutung von Bindung wird eher heruntergespielt, um schmerzliche Erinnerungen abzuwehren, die eigene Geschichte als »normal« und unauffällig beschrieben. Die Emotionen sind eher als flach zu bezeichnen. Die Darstellung von Bindungspersonen erfolgt oft ohne Erinnerungen an konkrete Beispiele. Das ambivalente und bindungsverstrickte Kind wird dagegen eher zu ausufernden Erzählungen über Konflikte mit Bezugspersonen neigen und so involviert und davon okkupiert wirken, als stammten die Erfahrungen von gestern. Polarisierende Aussagen sind häufig, die Möglichkeit zur Selbstdistanz und Selbstreflexion ist eingeschränkt. Oftmals wirkt die Erzählung verwirrend, unklar und vage, Emotionen zeigen sich eher überschießend. Desorganisierte Bindungsanteile zeigen sich in der Andeutung nicht verarbeiteter, traumatischer Lebenssequenzen. Manchmal, bei bereits fortgeschrittenem Dissoziationsgrad treten auch kontrastierende Persönlichkeitsanteile im selben Interview auf, vor allem aber lässt sich bei einem großen desorganisierten Anteil keine konstante Bindungsstruktur mehr ausmachen.

Die Nutzung psychosozialer Diagnostik zur Interventionsplanung

Psychosoziale Diagnostik bietet auf die soeben beschriebene Weise die Möglichkeit, eine Fülle an komplexen Zusammenhängen über eine Person und ihr Umfeld zu erfahren. In ihrer Summe muss jedoch jede Diagnostik bei all ihrer Komplexität auf eine Strukturierung der gesammelten Informationen hinauslaufen, die die Dimensionen »Individuum – soziale Umwelt« sowie die Dimensionen »Defizite – Ressourcen« möglichst umfassend, aber auch prägnant ausweist. Dabei ist bewusst nochmals die Frage nach Ressourcen zu stellen, die bei jedweder Diagnostik leicht in den Hintergrund gerät. Unter Ressourcen fasst man alle innerseelischen und interaktionellen Handlungen bzw. Mittel der Hilfe und Unterstützung zusammen, mit denen Belastungen, Überforderungssituationen und Krisen bewältigt werden können. Dazu gehören vor allem ein prägnantes Selbst- und Identitätserleben, ein Kohärenzgefühl, Einsicht und produktive Lernprozesse, emotionaler Ausdruck, Kreativität, psychophysische Selbstregulation, Entspannungsfähigkeit, kommunikative Kompetenzen, Beziehungsfähigkeit, praktische Lebensbewältigung, Zukunftsperspektiven, konstruktive Interessen und ein positiver Wertebezug. Ressourcen moderieren als Schutzfaktoren den Prozess der Symptomentwicklung und Bewältigung von erlittenen Traumata (Cicchetti 1999).

Die Koordinaten psychosozialer, ressourcenorientierter Diagnostik zu einem Gesamtbild zusammenführen

In der Diagnostik komplexer Traumatisierungen sollten daher gezielt die verfügbaren Ressourcen gemeinsam mit den Betroffenen erhoben werden. Hilfreich sind Fragen wie: Was ist gesund und kann erhalten werden oder hat geholfen, die Belastung bisher auszuhalten? Was ist defizient, weil es nicht vorhanden ist, und muss deshalb bereitgestellt werden? Was wäre möglich, ist bisher noch nicht genutzt worden und müsste erschlossen und entwickelt werden? Eine besonders klärende Form der Darstellung vorhandener Ressourcen sowie Defizite sind die von Pauls (2011) vorgeschlagenen »Koordinaten psychosozialer Diagnostik und Intervention« (Abbildung 8, S. 98).

Das Verfahren forciert eine systematische Problem- und Ressourcenanalyse, die auf unterschiedliche, in den vorherigen Abschnitten dargestellte diagnostische Informationen aus allen drei erfolgten Schritten zurückgreift. Dadurch wird sie zu mehr als einem weiteren Instrument, nämlich zum strukturierenden und ordnenden Orientierungsmodell für die anstehende Hilfeplanung, indem es sozusagen ein »diagnostisches Substrat« aus den bisher gewonnenen Informationen zusammenstellt.

Fasst man die Ergebnisse der Diagnostik von Nathalie in ein übersichtliches Gesamtsystem, so ergibt sich folgendes Gesamtbild (Abbildung 9):

Aus diesem Diagramm ließ sich mühelos die Interventionsplanung für Nathalie ableiten. Aus den einzelnen Punkten konnte eine Reihe von Interventionsimpulsen erarbeitet werden, die jeweils Ressourcen stärken und Defizite abbauen helfen. Aus diesen – zunächst ungeordneten – Interventionsimpulsen wurden dann in einer Fallbesprechung unter Einbeziehung von Nathalie die vielen Impulse nach Prioritäten sortiert und in ein Dreischritteprogramm zusammengefügt, das sich strukturell gut mit dem im Kapitel »Intervention« vorgestellten Modell vereinbaren ließ. Insgesamt ermöglicht das geschilderte

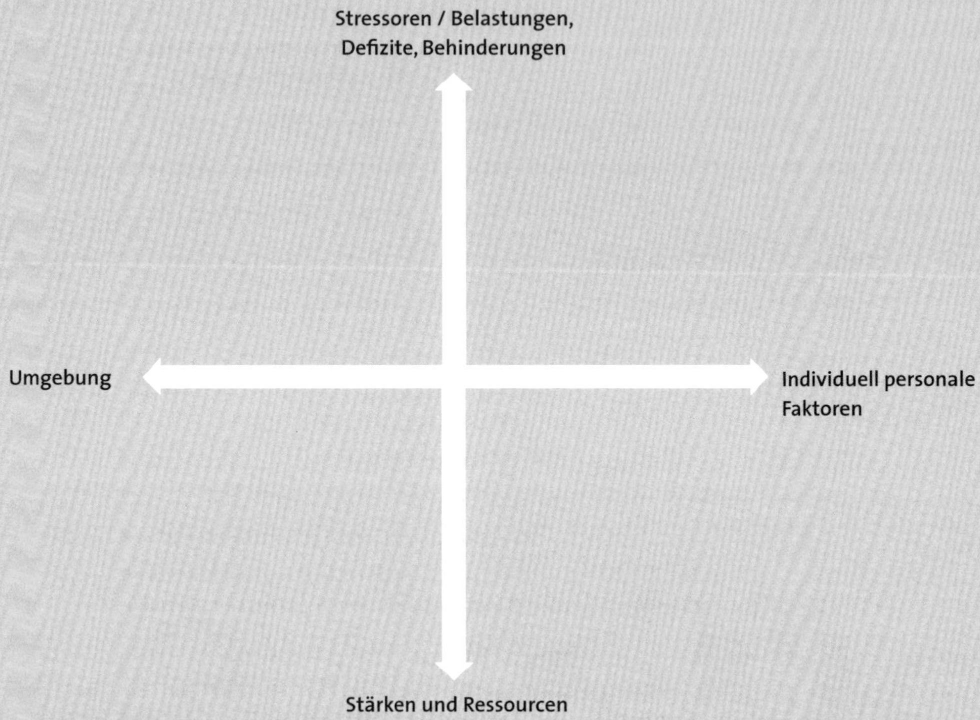

ABBILDUNG 8 Koordinaten psychosozialer Behandlung (PAULS 2004)

Vorgehen in der betreuenden Einrichtung die dialogisch angelegte Klärung der Frage, welche Hilfebereiche mit Nathalie bearbeitet werden sollten: mit welchen Ressourcen der beiden Dimensionen Person und Umfeld gearbeitet werden konnte und welche Defizite auf die Notwendigkeit von spezifischer Unterstützung bei Nathalie und ihrer Umwelt verwiesen.

Psychosoziale Diagnostik und Hilfeplanung

Das Vorgehen erweist sich als optimale Unterstützung für die Hilfeplanung und erlaubt einen flexiblen Umgang mit verschiedensten diagnostischen Instrumenten. Betrachtet man die Anforderungen

ABBILDUNG 9 Koordinaten psychosozialer Behandlung von Nathalie

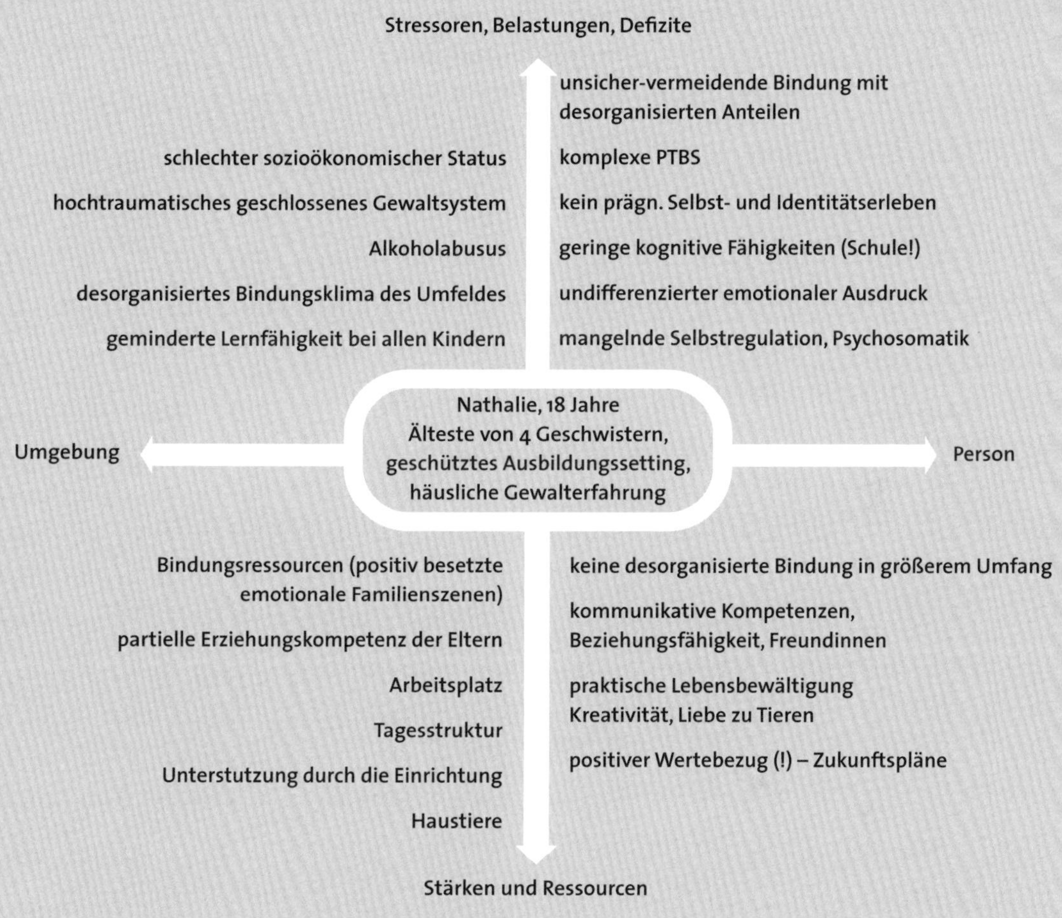

im Überblick, erscheint das Verfahren zunächst recht aufwendig. Der Gesamtdurchlauf lässt sich jedoch sehr kreativ abwandeln und den jeweiligen Umständen entsprechend gestalten. Auf der anderen Seite können weitere traumaspezifische Messinstrumente zu den verschiedensten Fragestellungen wie Dissoziationsneigung, Suizid- und Krisengefährdung, organisierte Gewalt etc. ergänzt werden (vgl. abermals Goldbeck & Stieglitz 2009). Sie lassen sich mühelos in den ersten Schritt integrieren. Viel bedeutsamer jedoch ist die Tatsache, dass zahlreiche Einrichtungen längst mit vielen dieser Methoden ihren Betreuungsalltag gestalten, jedoch seltener diese Investition in der Hilfeplanung gezielt und strukturiert »verwerten«.

Die Koordinaten psychosozialer Diagnostik und Intervention als optimale Unterstützung der Hilfeplanung

Insofern ist das Verfahren ein Plädoyer für ein »Zuschneiden« des allgemein gehaltenen Systems auf die jeweiligen Einrichtungsbedarfe und damit auch ein Plädoyer für die eigenständige, aber dennoch theoriegeleitete Entwicklung eines den Kostenträgern gegenüber gut zu argumentierenden Instruments. Vor dem Hintergrund des vorhandenen Rahmens lassen sich an jeder Stelle Abkürzungen oder kurze Nachvollzüge in Gedanken für die jeweils konkrete, im Moment erforderliche diagnostische Situation einbauen und anfügen. Statt einer häufig in der Praxis rein »intuitiven« oder routiniert formale Kategorien abfragenden Diagnosestellung kann im optimalen Fall auf diese Weise eine systematische subjekt- und kontextberücksichtigende »psychosoziale Diagnose« und Interventionsplanung gewonnen werden.

Die Praxis vor Ort: Trauma- und beziehungssensible Intervention in stationären Einrichtungen der Kinder- und Jugendarbeit

Psychosoziale Intervention

Traumaexposition versus psychosoziale Unterstützung bei Traumafolgestörungen

Die im Kapitel zur Traumabewältigung angesprochenen Stufenmodelle erfolgreicher Verarbeitung sind stark an psychotherapeutischen Überlegungen orientiert. Auf eine Phase der Stabilisierung folgt dabei in der Regel eine Phase der Traumakonfrontation, in der das Trauma aufgearbeitet oder überwunden werden soll. In vielen wissenschaftlichen Untersuchungen im Bereich der Psychotherapie wird diesem Vorgehen die größte Erfolgsquote eingeräumt (vgl. insbesondere Foa u. a. 2009). In der stationären Kinder- und Jugendarbeit hat man häufig damit zu kämpfen, dass diese hochgesteckten Ziele im Verlauf der Hilfezeiträume gar nicht zu erreichen sind bzw. »Heilung« aufgrund der Komplexität des Störungsbildes überhaupt eine umstrittene Zielsetzung ist. Etwas anders ausgedrückt arbeitet die stationäre Kinder- und Jugendhilfe häufig mit Kindern und Jugendlichen, für die ambulante Kinder- und Jugendlichenpsychotherapie zu hochschwellig ist oder als alleiniges Angebot nicht ausreicht und durch weitere sehr viel breiter angelegte Unterstützungsleistungen angegangen werden muss.

Traumatisierte Kinder und Jugendliche sind nicht immer therapeutisch, aber fast immer pädagogisch zu erreichen

Wilma Weiss (2005) schlägt vor, bei der Arbeit mit Traumafolgen zu unterscheiden zwischen klassischem therapeutischem Setting einerseits und pädagogischer Unterstützung andererseits. In einem pädagogischen Unterstützungsprozess werden durch das Trauma hervorgerufene dysfunktionale Einstellungen, Überzeugungen und Handlungsweisen eines Selbstbefreiungsprozesses adressiert, mit denen das Team automatisch im Alltag konfrontiert ist. Die Unterscheidung ist notwendig, um deutlich zu machen, dass nicht jedwede Arbeit am Trauma therapeutisch ist. Diese Ansicht führte in der Vergangenheit häufig zu einer Verleugnung von Traumata in stationären Einrichtungen der Kinder- und Jugendarbeit im pädagogischen Alltag und eine Delegation in den geschlossenen Rahmen der

Therapie, in dem viele Kinder und Jugendliche jedoch nicht ankommen oder den sie (noch) nicht für sich nutzen können. Die im Folgenden beschriebenen Handlungsmöglichkeiten als Bestandteile von Pädagogik zu begreifen, stellt einen unverzichtbaren Baustein eines sozialpädagogischen bzw. klinisch-sozialarbeiterischen Modells für die Betreuung von traumatisierten Kindern dar. Sie eröffnet Möglichkeiten, »auch die Mädchen und Jungen zu erreichen, die bislang ... nicht oder nur unzureichend erreicht werden konnten« (KÜHN 2013 a, S. 35).

Dafür bietet das oben beschriebene Stufenmodell eine hilfreiche und nützliche Orientierung – allerdings in leicht abgewandelter Form. Die Veränderung des Modells bezieht sich dabei nicht nur auf die Abfolge von sinnvollen Interventionsschritten in der stationären Kinder- und Jugendarbeit. Die Veränderungen zielen vor allem auf einen geeigneten Referenzrahmen für fruchtbare interdisziplinäre Zusammenarbeit zur umfassenderen Versorgung der multiplen Problematiken. Theoretisch erfolgt dabei ein Rückgriff auf das »pädagogisch-therapeutische Milieu«. Optimalerweise konstituiert es sich – wie einführend dargestellt – auf drei Ebenen:

- auf der Alltagsebene durch die Etablierung einer stationären Bezugsbetreuung,
- auf der psychotherapeutischen Ebene durch das Angebot einer tragfähigen – vom Alltag entlasteten – therapeutischen Beziehung und
- auf der Systemebene durch eine Vernetzung der (Beziehungs-)Angebote innerhalb der Einrichtung als auch darüber hinaus in den Lebensalltag und zu anderen Institutionen.

Im Folgenden soll dieses Vorgehen entlang der Schritte des Schaubildes 10, stets verwoben mit dem bereits eingeführten Fallbeispiel, näher erläutert werden.

Erster Schritt: Umfassend Sicherheit herstellen

Zentrale Ausgangsbedingung für eine Traumabewältigung ist bei Kindern und Jugendlichen - in noch stärkerem Maße als bei Erwachsenen - die Herstellung umfassender Sicherheit. In der stationären Kinder- und Jugendarbeit bietet sich die einmalige Chance, über eine Verknüpfung verschiedener Bindungs- und Beziehungsangebote innerhalb des »pädagogisch-therapeutischen Milieus« einen mehrdimensionalen Raum für Stabilisierung und Ressourcenerschließung zu schaffen:

ABBILDUNG 10 Psychosoziale Intervention

Interdisziplinäre Zusammenarbeit unter Einsatz von Fachkräften der:

- → Bezugsbetreuung, des Gruppensettings und der zugehörigen Netzwerke (inkl. Elternarbeit, Familientherapie etc.) zur Repräsentation eines erfahrungsintensiven pädagogischen Alltags
- → kreativ- oder bewegungstherapeutischen Angebote und / oder umgebenden Netzwerke zur Herstellung eines übungs- und erfahrungsorientierten Übergangsraums
- → Kinder- und Jugendlichenpsychotherapie oder Fachberatung für ein reflexiv aktives, vor dem Alltag geschütztes Einzelsetting

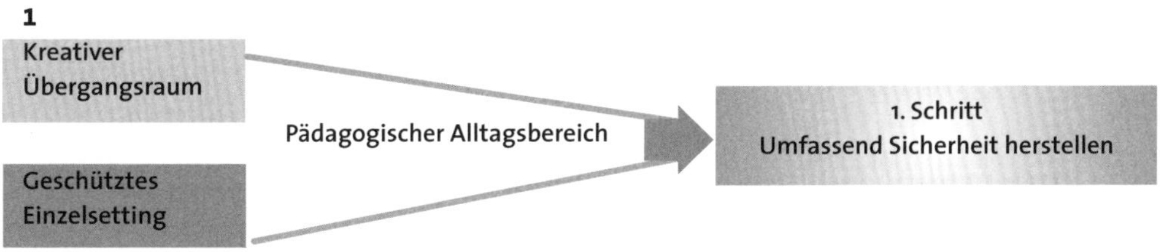

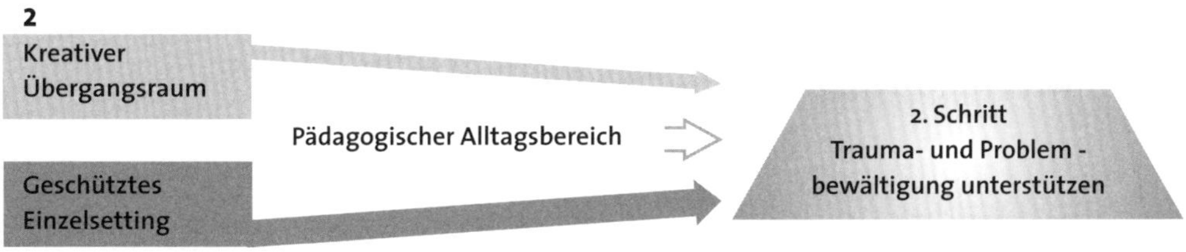

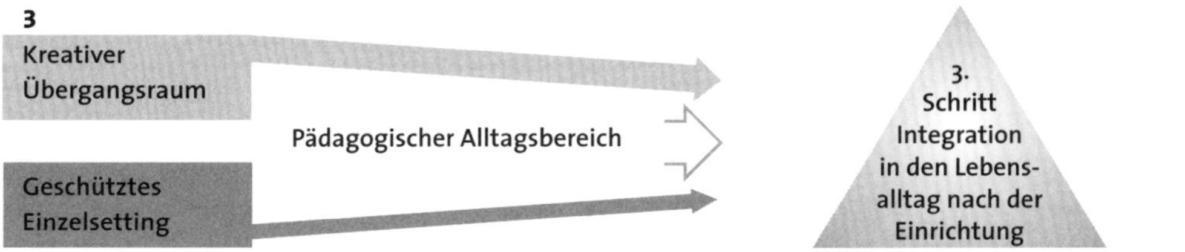

- durch ein klar strukturiertes und strukturierendes pädagogisches Beziehungsgeflecht inmitten der Alltags- und Lebenswelt,
- durch eine nach innen orientierte, Raum gebende, vor dem Alltag geschützte therapeutische Beziehung (sei diese nun intern angeboten oder extern hinzugezogen) und
- durch ein unterstützendes Beziehungs- und Institutionsnetzwerk als konstanter, einbettender Umgebungsfaktor.

Innere Sicherheit entsteht durch stabile Beziehungen

Die innere Sicherheit eines traumatisierten Kindes etabliert sich nur durch aktiv von außen bereitgestellte Sicherheitsangebote. Sicherheit erwächst dabei aus der Erfahrung verlässlicher und tragfähiger Beziehungen. In sozialer Isolation, ohne eine tragfähige Beziehung, ist eine Überwindung des Misstrauens gegenüber sich und der Welt und eine Annäherung an die zerrüttete Identität aus eigener Kraft nahezu unmöglich. Expertinnen und Experten aus dem Bereich der Traumapädagogik betonen daher in verschiedensten Schattierungen die Notwendigkeit eines Raumes stabiler sozialer Beziehungen bzw. einer »heilenden Gemeinschaft« (Weiss 2013, S. 15; vgl. ursprünglich Perry & Szalavitz 2006, S. 290–310), die Bedeutung eines »geschützten Handlungsraumes«, in dem eine »Pädagogik des Sicheren Ortes« stattfinden kann (Kühn 2013 a, S. 32) und Kindern und Jugendlichen mit einer Haltung »größerer Achtsamkeit« begegnet wird (Krautkrämer-Oberhoff 2013).

Bindungstheoretisch betrachtet geht es hier immer wieder, wie in den vorangegangenen Kapiteln bereits ausgeführt, um die Errichtung »schützender Inselerfahrungen« (Gahleitner 2005 a, S. 63), in denen alternative Bindungserfahrungen gemacht werden können, die dann für Mentalisierungsprozesse bereitstehen. Zahlreiche Ergebnisse aus der Psychotherapieforschung weisen auf diesen »stärksten allgemeinen Wirkfaktor« (Orlinsky u.a. 1971) der »korrektiven Erfahrungen« (Grawe 1998) hin (vgl. aktuell zusammenfassend für den Bereich der Kinder- und Jugendlichenpsychotherapie Fröhlich-Gildhoff 2011), allesamt Spielarten von Entdeckungen bereits historisch anmutender Kolleginnen und Kollegen (vgl. bereits Alexander & French 1946; Rogers 1959/2007). Insbesondere klientenzentrierte Formen der Gesprächsführung bieten an dieser Stelle eine praktische und konkrete Hilfe für einen bindungssensiblen kommunikativen Zugang zu Kindern und Jugendlichen an (vgl. insbesondere Weinberger 2013).

Diese für die stationäre Kinder- und Jugendarbeit zentralen Erfahrungen und empirischen Ergebnisse fließen in Überlegungen zur

Beziehungsgestaltung in Heimen ein, erfahren jedoch dabei eine andere, für diese spezifische Zielgruppe geeignetere Ausgestaltung. So gehört z. B. in den pädagogischen Raum langfristiges »Halten und Aushalten«, wie HOFMANN (2002) es für Borderline-Klientel anschaulich beschreibt. Damit ist im Alltag immer ein Element von Strukturgebung und Grenzsetzung notwendig. In diesem Sinne sind Pädagoginnen und Pädagogen im Kontrast zu Therapeutinnen und Therapeuten auch als »Sicherheitsbeauftragte« (KÜHN 2013 a, S. 33) tätig.

»Halten und Aushalten« als mehrdimensionales Angebot

Die Bindungsarbeit erfolgt dabei – wie das »pädagogisch-therapeutische Milieu« als Ganzes – optimalerweise mehrdimensional (siehe Abbildung 10, S. 103):

- auf der Bezugsbetreuungsebene durch eine vertrauensvolle pädagogische Beziehung im Alltag und das unmittelbar umgebende Netzwerk,
- auf der kreativtherapeutischen Ebene als Bereitstellung eines therapeutischen oder anders gearteten Übergangsraumes in das Vernetzungs- und Institutionsgefüge hinein und
- auf der kinder- und jugendpsychotherapeutischen Ebene durch das Angebot einer tragfähigen therapeutischen Beziehung oder exklusiven Beratungsbeziehung, die in einem geschützten, völlig vom Alltag getrennten Raum agieren kann, sobald die Kinder und Jugendlichen diesen Raum für sich annehmen und mitgestalten.

Bindungsangebote werden umso unproblematischer und schneller wahrgenommen, je besser der therapeutische Raum mit dem Alltagsgeschehen verknüpft wird, ohne seinen besonderen Schutzraum aufzugeben. Das bedeutet, in enger Absprache mit den Kindern und Jugendlichen Themen des Alltags aufzugreifen und zuweilen auch wieder transparent dorthin zurückzusenden, ohne die Details der Inhalte der jeweiligen Arbeitseinheit preiszugeben (vgl. das Kapitel zu den psychosozialen Vernetzungskompetenzen).

Stabilisierungsarbeit als Teamprogramm

In enger Abstimmung zwischen dem pädagogischen und dem therapeutischen Raum kann bereits früh mit ressourcenorientierten Stressbewältigungstechniken begonnen werden, anfangs insbesondere Praktiken des Angstabbaus und der Selbstkontrolle, um den Umgang mit bedrohlich überflutenden Gefühlen zu erlernen und mehr innere Sicherheit zu gewinnen. Diese Stabilisierungsarbeit kann im fortgeschrittenen Stadium und nach einer erfolgreichen Beziehungsaufnahme an vielen Stellen von mehreren Umfeldpersonen unterstützt werden: durch die konkrete Übung der erlernten

Stabilisierungstechniken im Alltag oder durch die Nutzung zusätzlicher kreativtherapeutischer, künstlerischer, aber auch sportlicher Aktivitäten bis hin zur Einrichtung sogenannter »Notfallkoffer«, wie sie aus der sogenannten Dialektisch Behavioralen Therapie (DBT) bekannt sind (Linehan 1993/2014). Die Etablierung von Stabilität über solcherart Übungen und Techniken ist Voraussetzung für den Aufbau des erschütterten Kontrollvermögens und für zielgerichtetes Handeln im Alltag, jedoch auch für die Bereitschaft, sich auf einen weitergehenden Betreuungsprozess einzulassen (vgl. dazu auch Übungen aus dem imaginativen Bereich bei Krüger 2008; Reddemann 2008; vgl auch den Band Traumapädagogik von Bausum u. a. 2013).

Eine sichere Lebenswelt bietet Chancen für Alternativerfahrungen

In enger Vernetzung eröffnen die unterschiedlichen Angebote auf diese Weise sehr verschiedene Beziehungsräume für die Kinder und Jugendlichen: eine klar strukturierte und nach außen orientierte Alltagsbeziehung, eine nach innen orientierte, für reflexive Prozesse Raum gebende Beziehung sowie einen fruchtbaren Übergangsraum. Alle diese Bindungsangebote eröffnen gleichermaßen Chancen zu Alternativerfahrungen – sowohl in Bezug auf das Angebot von Schutz und Fürsorge als auch bezüglich des verantwortungsvollen Umgangs mit Grenzen. Werden außerdem über das Team hinaus an den zentralen Stellen auch administrativ durch die Leitung der Einrichtung weitere Verknüpfungen nach außen vorgenommen – zu den Eltern, der Schule, in den Freizeitbereich –, so entwickelt sich für die Kinder und Jugendlichen spürbar eine sichere Lebenswelt. In dieser sicheren Lebenswelt können Kinder und Jugendliche häufig erstmals weitere zentrale Grundbedürfnisse neben dem Bindungs- und Beziehungsbedürfnis annehmen – wie das Bedürfnis nach Lustgewinn und Unlustvermeidung, das Bedürfnis nach Kontrolle und Orientierung sowie das Bedürfnis nach Selbstwerterhöhung und Selbstwertschutz (umfassend Borg-Laufs & Dittrich 2010). Erweist sich diese sichere Lebenswelt Tag für Tag im konkreten Alltagsgeschehen also als tragfähig und zuverlässig, stellt sie permanent eine große Zahl von Mentalisierungs- und Veränderungschancen bereit.

NATHALIE **VERTRAUEN UND SICHERHEIT SCHAFFEN** Nathalie begegnete uns zu Beginn der Hilfeleistung mit ihren Ängsten, ihren Gewalterfahrungen und ihren vielgestaltigen Beziehungsenttäuschungen. Diese wurden jedoch nicht auf den ersten Blick deutlich. Bei der Aufnahme zeigte sie nach einer kurzen Phase stark angepassten

Verhaltens zunächst unsicher vermeidende Bindungsstrukturen, jedoch – in einem gemessen an der Gewaltproblematik nicht sehr starken Ausmaß – auch desorganisierte Strukturen. Die Beziehungsangebote der Betreuungspersonen nahm sie, von außen betrachtet, zunächst erstaunlich schnell an. Dieses Verhalten ist keineswegs untypisch für Kinder aus Gewaltfamilien, da Anpassung an die vorhandenen Ausgangsbedingungen über lange Zeit hinweg eine wichtige überlebenssichernde Bewältigungsstrategie für sie dargestellt hat.

Bereits nach kurzer Zeit jedoch wurde ihr Misstrauen sichtbar, indem sie wichtige Informationen verheimlichte, durch falsche Aussagen zu verstecken versuchte und sich anschließend »unsichtbar« machte. Ihr Handeln wird verständlich, wenn man ihren »Eingangsbogen« (siehe Abbildung 11) betrachtet, den die Mädchen in dieser Einrichtung am Ende der Eingewöhnungsphase ausfüllen müssen. In Nathalies Bogen zeigen sich deutlich ihre Vorerfahrungen. Die massiven Albträume weisen auf ihre unverarbeiteten traumatischen Erfahrungen hin; der Terminus »meckern« (links auf dem Blatt) zeigt in seiner Erläuterung (rechts) die eigentliche Erwartung Nathalies: in Konfliktsituationen auch in der Einrichtung damit zu rechnen, angeschrien, geschlagen und misshandelt zu werden. Die Angst, mit zu vielen Fragen und hochtrabenden Ausdrücken überhäuft zu werden, weist bereits auf Schädigungen durch vorhergehende Hilfesituationen hin, in denen sie offenbar die Professionellen einfach nicht verstehen konnte und durch deren Fragen und Sprache überfordert war. Das »Eingangsblatt«, das gut in eine ausführlichere Anamnese am Ende der Eingewöhnungsphase integriert werden kann, eröffnet die Möglichkeit, Ängste und Übertragungsproblematiken behutsam zu thematisieren.

Noch bedeutsamer als Gespräche über Nathalies Ängste und Befürchtungen und gemeinsam durchgeführte Übungen zum Angstabbau wirkten jedoch konkrete »korrektive Alternativhandlungen«, die Nathalie verdeutlichten, dass in der Einrichtung tatsächlich Sicherheit und Stabilität zu finden waren und sich ein tatsächlich »geschützter Handlungsraum« (Kühn 2013 a, S. 32) etablierte. Die erste Möglichkeit, alternative Erfahrungen zu machen, ergab sich durch die überfordernde Schulsituation. Obwohl Nathalie zentrale Informationen aus Angst verheimlichte, wurde bald deutlich, wie maßlos sie dort überlastet war. Die professionelle Klärung der Schulsituation unter Einbeziehung der Lehrer und partizipativ mit Nathalie selbst eröffnete nach einigem Abwägen die Möglichkeit,

ABBILDUNG 11 Eingangsbogen

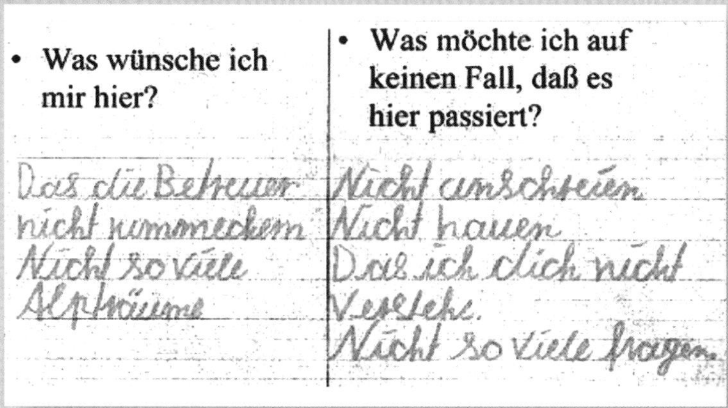

sie zunächst von der Schule zu befreien und ihr ein Praktikum zu vermitteln, in dem sie viel Anerkennung für ihre Zuverlässigkeit erhielt. Später ging das Praktikum in eine Ausbildungsstelle im Gärtnereiwesen über. Nach einer kurzen Phase der Frustration über einen schwach ausgefallenen Intelligenztest beim Arbeitsamt stellte die geschützte Ausbildung im Gärtnereiwesen für sie einen geeigneten Platz für eine Weiterentwicklung im praktischen Bereich dar, mit dem sie heute sehr zufrieden ist.

Die nächste Situation zur Vertrauensbildung, die die Einrichtung auf eine weit größere »Probe« stellte, waren Nathalies konstante heimliche Besuche zu Hause. In der »Myrrha« wird nach der Aufnahme für mehrere Wochen der Kontakt nach Hause einschränkt, um in der Einrichtung einen sicheren Ort etablieren zu können. Nathalie hatte diese Regel durchbrochen und musste, als es zu Gewaltausschreitungen des Vaters kam, mit der Polizei aus der Familie geholt werden. Bei Nathalie zeigte sich wie bei vielen Kindern aus Gewaltfamilien eine extreme Ambivalenz zwischen den angstbesetzten Gewalterfahrungen gegenüber dem Vater und der Enttäuschung gegenüber der nicht schützenden Mutter auf der einen Seite und einer positiv besetzten Beziehung zu beiden Elternpersonen und den Geschwistern auf der anderen Seite (siehe Abbildung 4, S. 88). Neben den Gewalthandlungen und Schädigungen gab es also auch zu bewahrende Bindungsanteile in Bezug auf Eltern und

Geschwister. Obwohl die Eltern nicht zu gemeinsamen Gesprächen mit der Einrichtung an einem neutralen Ort bereit waren, wurde Nathalies Bedürfnis, die Eltern trotz der Misshandlungsgefahr aufzusuchen, Rechnung getragen. Sie wurde engmaschig begleitet – zunächst personell, später durch Vor- und Nachbesprechungen. Der sorgsame Umgang mit dieser Ambivalenz, der keine einfache und unumstrittene Teamentscheidung darstellte, erwies sich schließlich als Schlüsselvariable für das Gelingen der Begleitung Nathalies.
Erst nach diesen und weiteren wiederholten Erfahrungen, dass Konflikte auf andere Weise als mit Gewalt lösbar waren, legten sich Misstrauen und Heimlichkeiten. Vertrauen erwuchs auch dadurch, dass gravierende Bestrafungen dafür ausblieben und stattdessen in begleitenden Gesprächen Verständnis für ihr Verhalten gezeigt wurde sowie Alternativen gesucht wurden. Nathalie war nun tatsächlich in der Einrichtung angekommen und mit ihrer Bezugsbetreuerin, der Kreativtherapeutin und der Kinder- und Jugendlichenpsychotherapeutin sowie dem umgebenden Team samt der Betreuungsgruppe in einer tragfähigen Beziehung. Daraufhin wurden mit ihr ein sicherer innerer Schutzort und ein Tresor für belastende Bilder und Erinnerungen etabliert. ×

ABBILDUNG 12 Sicherer Ort

Zweiter Schritt: Trauma- und Problembewältigung unterstützen

Mit dem Trauma ohne Aufarbeitungsanspruch arbeiten

In der Psychotherapie mit Traumapatienten geht es in einem zweiten Schritt darum, auf Basis der neu erworbenen Stabilität eine konkrete Auseinandersetzung mit der Gewalterfahrung zu ermöglichen, ohne von den begleitenden Gefühlen überwältigt zu werden. Selbst im therapeutischen Kontext ist jedoch bekannt, dass es durch den Einsatz traumakonfrontativer Verfahren zu Überforderungen kommen kann. In den vergangenen Jahrzehnten haben daher sogenannte »weiche Traumaexpositionsverfahren« an Bedeutung gewonnen, beispielsweise hypnotherapeutische und imaginative Verfahren (vgl. z.B. Garbe 1993; Krüger 2008; Reddemann & Sachsse 2000; Weinberg 2005; zur Übersicht über traumatherapeutische Verfahren mit Kindern und Jugendlichen Landolt & Hensel 2012). Diese Verfahren bieten hilfreiche Anhaltspunkte für die stationäre Arbeit mit Kindern und Jugendlichen, die aufgrund der Traumakomplexität, die sie erfahren haben, häufig gar nicht oder noch nicht für eine psychotherapeutische Arbeit mit »Aufarbeitungsanspruch« geeignet sind.

Stückweise Integration des Unannehmbaren und Furchterregenden in das Selbstkonzept erfahren

Hilfreich zum Verständnis ist hier abermals der Blick in die »typisierte Verarbeitungskurve für das Ausmaß der Beschäftigung mit dem Trauma im Lebensverlauf« (siehe Abbildung 2, S. 59). Kinder und Jugendlichen befinden sich besonders häufig in der »Schlummerphase«, in der Erinnerungen an das Trauma unbewusst vermieden werden – zum Schutz der Entwicklungsschritte, die in diesem Lebensabschnitt erfolgen müssen. Diesen Sachverhalt ernst zu nehmen bedeutet nicht nur ein »bohrendes Nachfragen zu vermeiden, sondern auch das Schutzbedürfnis der Kinder zu berücksichtigen und gegebenenfalls Grenzen zu setzen. Es gibt auch falsche Orte und den falschen Zeitpunkt zur Offenlegung der eigenen Leidensgeschichte« (Weiss 2016, S. 155). Aus einer interdisziplinär angelegten Perspektive kann auf dieser Basis einerseits behutsam ein Verständnis für die Wirkung traumatischer Erfahrungen auf die momentanen Gefühle erarbeitet werden, andererseits ein differenzierter Umgang mit Symptomen erfolgen. Auch ohne explizite Traumakonfrontation ist es möglich, eine stückweise Integration des Unannehmbaren und Furchterregenden in das Selbstkonzept zu erreichen. Gelingt die Rekonstruktion von Gefühlen und Gedanken, die mit dem Trauma im Zusammenhang stehen, können bindungstheoretisch gesprochen eine Reihe von hilfreichen Mentalisierungsprozessen angestoßen werden.

Kreativtherapeutische Angebote sowie Bewegungs- und Sportmöglichkeiten können dazu einen sehr konstruktiven Beitrag leisten, indem sie einen Übergangsraum von Erfahrungswelten »ohne Psychodruck« bereitstellen.

Adressierung zentraler Problemlagen als wichtiger Schritt der Traumabewältigung

Wird auf diese Weise ein Mehr an Handlungskompetenz, Selbstkontrolle und Selbstwirksamkeit sowie Kontrollmöglichkeit der eigenen Gefühle in einem »gemeinsam gestalteten Raum des Zwischenmenschlichen« erfahren (Kühn 2013b, S. 147), so bedeutet dies eine Adressierung zentraler Problemlagen, die durch das Trauma entstanden sind – ein wichtiger Schritt auf dem Weg zur Traumabewältigung. Wenn die Kinder und Jugendlichen sich sicherer fühlen, beginnen sie häufig zudem, ihre traumatischen Erfahrungen mit ihren Bindungspersonen zu reinszenieren. Vom Umfeld wird dies zunächst als Zustandsverschlechterung wahrgenommen. Diese sogenannte Erstverschlimmerung (siehe das Beispiel von Erik im zweiten Kapitel) bietet aber im besten Falle den Betroffenen die Chance zu erfahren, dass sie in ihrem Leid angenommen und nicht erneut verletzt werden. Dazu bedarf es eines aufmerksamen Umgangs mit destruktiven Übertragungs- und Gegenübertragungsprozessen, in dem auch die eigene Person in ihrer ganzen Authentizität und Beziehungsprofessionalität gefragt ist.

So lösen traumatische Übertragungen von Kindern, z.B. wenn ein Kind in einem Betreuer plötzlich den ehemaligen Täter sieht, zum Teil beim Betreuungspersonal heftige Gegenübertragungen und Gegenreaktionen aus (vgl. dazu Weiss 2016, bes. S. 212–214; Kessler 2016). Diese Gegenübertragungen können dazu führen, dass sie »ähnlich wie die schlagenden, versagenden und missbrauchenden Eltern handeln. Die Gegenreaktion kann auch Emotionen auslösen, die den Gefühlen des Kindes ähneln bzw. diese ergänzen. Manchmal haben die Reaktionen der PädagogInnen mit eigenen Erfahrungen zu tun, manchmal mit der Tagesform. Die Reflexion dieser komplizierten Situation, das Verstehen der Botschaft des Kindes, das Verstehen unserer Reaktion, unserer eigenen Übertragungen, ist immer wieder notwendig, damit das Kind seine alten Beziehungserfahrungen bearbeiten und korrigierende Erfahrungen machen kann« (Weiss 2016, S. 176).

Selbstverstehensprozesse unterstützen

Verstehen und Akzeptieren der physischen und psychischen Extremreaktionen traumatisierter Kinder auf scheinbar banale Alltagssituationen können so bewirken, dass diese Kinder und Jugendlichen wieder zu »Subjekten« werden. Für Traumatisierte war es über lange Zeit hinweg funktioneller, nicht zu denken und zu fühlen (Kolk 2000). Werden ihre Gedanken und Gefühle jedoch angenommen, entstehen andere Muster der Selbstwahrnehmung und damit ganz konkrete Selbstheilungsmöglichkeiten. Dieser Selbstwahrnehmungs- und »Selbstbemächtigungsprozess« kann als aktive Traumabearbeitung verstanden werden (Weiss 2016, S. 196). An dieser Stelle ist auch nochmals auf die bereits in der Diagnostik genannten Methoden aus der Biografiearbeit hinzuweisen (vgl. z. B. Schulze & Loch 2010; umfassend Miethe 2017; Griesehop u. a. 2011; für Kinder und Jugendliche Lattschar & Wiemann 2018; Ryan u. a. 1993/2003; traumaspezifisch Gahleitner 2011). Sie erweisen sich in diesem Kontext als eine behutsame Herangehensweise, Selbstverstehensprozesse zu fördern.

Dafür ist das Verständnis der Neurophysiologie traumatischer Erfahrungen sehr bedeutsam und kann auch den Kindern psychoedukativ zu einem »Selbstverstehen« verhelfen und damit kognitiv Bewältigung befördern. Wenn Kinder und Jugendliche körperlich und auch kognitiv erfahren, dass sie in der Lage sind, Einfluss auf ihre Emotionen und Empfindungen zu nehmen, wächst das Gefühl der Selbstwirksamkeit; es entsteht ein »innerer sicherer Ort« (Weiss 2008, S. 329 ff.). Wie Mädchen und Jungen dabei aus der Opferrolle herauskommen und vom Objekt zum Subjekt gelangen können, beschreibt Wilma Weiß an einem anschaulichen Fallbeispiel:

»Du tust das, weil ...?« statt »Warum tust Du das?«

»Der Bezugsbetreuer interessiert sich für Markus. Er möchte dessen Verhalten, das Randalieren und auch Zerstören im Bad verstehen. Über die Akzeptanz des Verhaltens hinaus (Konzept des guten Grundes) geht es ihm darum, dass Markus selbst sein Verhalten versteht. Andreas schaut sich das an, geht auf Markus zu und fragt ihn ›Du tust das, weil ...?‹. Das Wort weil hat er bewusst gewählt. Mit der Frage ›Warum tust Du das?‹ hätte er bei Kindern wie Markus sofort ein Schuldgefühl aktiviert und ihn in die Defensive gedrängt. So erreicht er, dass Markus sein Verhalten als Reaktion auf früher verstehen kann, dass er dies als normale Reaktion auf eine außergewöhnliche Stresssituation akzeptiert und seine Verhaltensweisen ändert.« (ebd., S. 332)

Aus »Übertragung« kann allmählich »Beziehung« werden

In der Überwindung gestörter Dialoge, die aus traumatischen Erfahrungen heraus entstanden sind, geht es auch hier – wie in der Arbeit an Bindung und Beziehung – um das »Anknüpfen an die unterbrochene Kommunikation« (Döring 2004, S. 196). Martin Kühn (2013 a, S. 32) spricht treffend vom »emotional-orientierten Dialog«, mit dem »korrektive Erfahrungen« zur Herausbildung jener Fähigkeiten und Fertigkeiten ermöglicht werden, die schwer traumatisierte Kinder nur unzureichend entwickeln konnten. Dies sind unter anderem: Selbst- und Körperwahrnehmung, Selbstwirksamkeitserwartung, Selbstbehauptung, Beziehungsgestaltung sowie das Verstehen der Verhaltensintentionen von anderen Menschen und Emotionswahrnehmung und -regulation (SCHMID 2008, 2010b). Mit jedem Schritt, der in diesen Bereichen gegangen werden kann, wächst auch die Fähigkeit einer Realitätsprüfung »aller inneren Arbeitsmodelle« im Hinblick auf die aktuellen Lebensbedingungen und Beziehungskonstellationen (HOFMANN 2002). Aus »Übertragung« kann so mehr und mehr »Beziehung« werden, wie sie sich aktuell im Hier und Jetzt gestaltet, zunehmend weniger beeinträchtigt von alten Übertragungsmustern.

ABBILDUNG 13 Körper- und Sinneswahrnehmungen (in Anlehnung an SCHMID 2010b, S. 47)

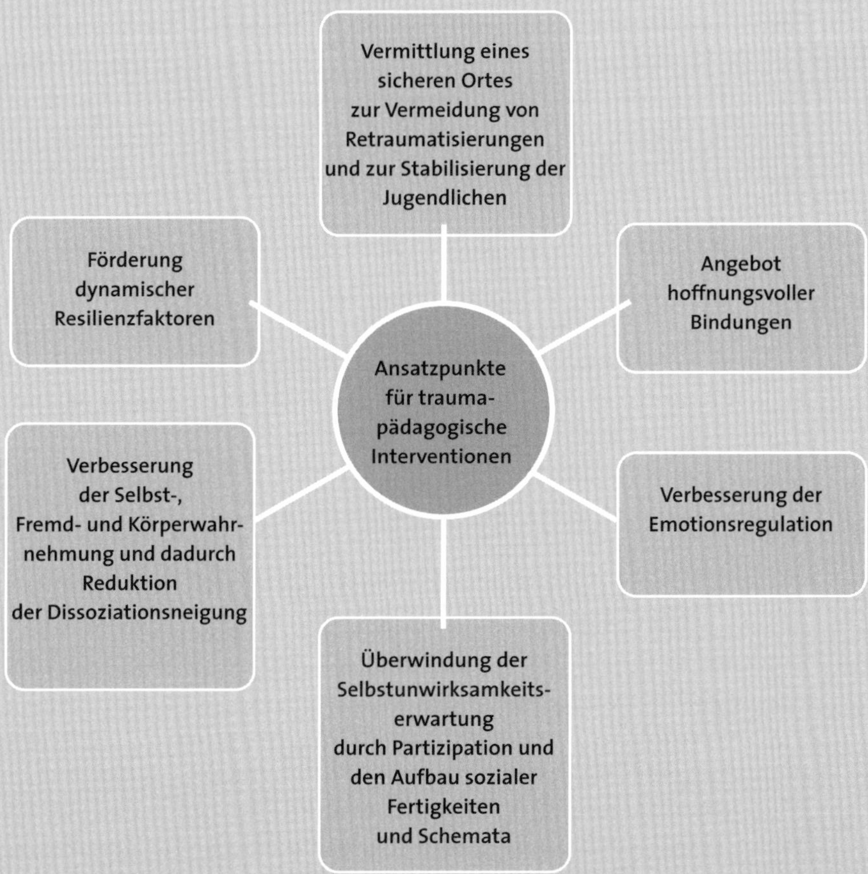

Der Zuwachs an Einblick und Kontrolle ermutigt zur Übernahme von mehr Verantwortung

Mehr Einblick in und Kontrolle über ihre eigenen Gefühle und Erfahrungen ermutigt Jugendliche früher oder später auch auf der Interaktions- und Handlungsebene zur Übernahme von mehr Verantwortung – nicht für die Erfahrungen selbst, jedoch für den Umgang damit und für das eigene Leben und das auf die Zukunft ausgerichtete Verhalten. So wird ein Bewusstsein für die Gefahr von Grenzüberschreitung geschaffen, individuelle Stärken werden betont und einer Stigmatisierung sowie Reviktimisierung wird vorgebeugt. Das soziale Umfeld bzw. das Team können auf diese Weise eine parteiliche Haltung im Alltag »leben«, pädagogisch und administrativ die weitere Entwicklung unterstützen und negative Attributionen korrigieren, wie beispielsweise unangemessene Schuldübernahme zurechtrücken, Ängste abbauen helfen und Ähnliches.

Traumaaufarbeitung braucht ein geschütztes Setting und gleichzeitig eine enge Kopplung mit dem Alltagsraum

Ist eine psychotherapeutische, gezielte Bearbeitung des Traumas oder von Teilen des Traumas möglich, geht es auch hier wieder um eine enge Zusammenarbeit zwischen pädagogischen, alltagsorientierten und therapeutischen Aufgaben (Arbeitskreis der Therapeutischen Jugendwohngruppen Berlin 2005, 2008). Die emotionale Restrukturierung und die intensive, wenn auch sehr vorsichtige Arbeit an tiefen Verletzungen und Traumatisierungen benötigen ein zwar von der Alltagswelt deutlich getrenntes und gut geschütztes Setting, es muss jedoch vom Gesamtsystem durch interdisziplinäre Absprachen getragen werden. Während der Zeit der Aufarbeitung kommt es häufig zu einer Labilisierung, die bis in den Alltag hineinwirken kann. Die Betreuungs- bzw. Umfeldpersonen im Alltag müssen hier unterstützend eingreifen bzw. in die therapeutische Behandlung einbezogen werden, um die notwendige Entlastung für den Bewältigungsprozess bieten zu können.

Therapie mit Rücksicht auf den Lebensalltag, Alltagsarbeit mit Rücksicht auf den therapeutischen Prozess

Umgekehrt muss das therapeutische Vorgehen Rücksicht auf zentrale Alltags- und Entwicklungsaufgaben der Betroffenen nehmen und für Kriseninterventionen zur Verfügung stehen. Die Fortschritte ebenso wie die jeweilige Belastbarkeit der Jugendlichen sollten gut mit den jeweiligen Betreuungspersonen rückgekoppelt werden, denn das Team und die Bezugsbetreuung können in der Phase der Traumabearbeitung nicht nur unterstützen, sondern auch die erworbenen Alternativerfahrungen im Alltag stabilisieren helfen. Die therapeutische Begleitung sollte also immer eingebettet in den Lebensalltag erfolgen, auch wenn die sozialarbeiterischen und sozialpädagogischen Aufgaben manchmal mit Rücksicht auf den Aufarbeitungsprozess zurückstehen müssen. Die Verständigung darüber muss im gegenseitigen Respekt und in Kenntnis über den jeweils anderen Arbeitsbereich erfolgen.

NATHALIE **STÄRKUNG VON SELBSTBEWUSSTSEIN, SELBSTPRÄGNANZ UND SELBSTHILFEFÄHIGKEITEN** Als Zielsetzung für Nathalies Aufenthalt in der Einrichtung war auf den begleitenden Hilfekonferenzen im Sinne des Hauptzieles der Verselbstständigung eine Stärkung des Selbstwertes, der Selbstprägnanz und des Selbst- und Körperbezugs auf der einen sowie eine möglichst realitätsgetreue Einsicht in die Grenzen der Leistungsfähigkeit auf der anderen Seite formuliert worden. Gewünscht wurden außerdem, insbesondere auch von Nathalie selbst, eine Verbesserung der Affektregulation und eine Senkung des latent vorhandenen belastenden Erregungsniveaus. Eine Bearbeitung der Albträume, Ängste und pseudopsychotischen Erscheinungen sowie der dahinterliegenden traumatischen Situationen sollte nur im Rahmen des Möglichen erfolgen. Die Familienkontakte sollten in enger Vernetzung mit der Einrichtung in der begleitenden räumlich ausgelagerten Familientherapie stattfinden. Letzteres gelang allerdings aufgrund der Kontaktverweigerung von Nathalies Vater nicht. Nathalie etablierte jedoch mit der Zeit eigenständige Kontakte zu den Eltern, die nach den oben beschriebenen Konflikten von den Mitarbeiterinnen eng begleitet wurden. Es gelang ihr in der Folge besser, die aktuelle Situation einzuschätzen und sich selbst zu schützen. Die Besuche bei den Eltern blieben zwar nicht immer ohne Zwischenfälle, jedoch ohne weitere Gewalthandlungen an Nathalie.

Nachdem Nathalie so in der Einrichtung angekommen war, konnte mit ihr kontinuierlich Schritt für Schritt auch an den weiteren Zielen gearbeitet werden. Die Arbeit am Selbstwertgefühl, an der Selbstprägnanz und an der Prägnanz von Gefühlen erfolgte zunächst über pädagogische Medien, teilweise im geschützten Setting der Psychotherapie, teilweise in der begleitenden Kreativtherapie und in Alltagssituationen im pädagogischen Setting. Die Übungsinhalte wurden jeweils abgesprochen und Stück für Stück im Schwierigkeitsgrad angehoben. Standen zu Beginn zunächst einfach Bestandteile des Kennenlernens verschiedener Gefühlszustände im Zentrum, konnte in der nächsten Stufe ein Bezug zu Nathalies eigenen Gefühlen hergestellt und schließlich aktiv an Möglichkeiten gearbeitet werden, mit diesen jeweils zurechtzukommen. Konkret begann dieser Prozess mit Spielen wie beispielsweise einem Gefühlsmemory, das mit kreativen Vorschlägen zur Nachahmung der jeweiligen

Mimik und mit einer Zuordnung zu eigenen Lebenssituationen verbunden wurde. Am Ende dieser Sequenz stand die Bewältigung einer Situation, die real auf ihrem Weg zur Ausbildung jeden Morgen auftauchte: eine obdachlose, offenbar psychotische Frau in einem U-Bahnhof, vor der Nathalie sich sehr fürchtete. War sie zunächst panisch weggelaufen, griff sie diese schließlich sehr aggressiv an. Beide Strategien führten nicht zum Erfolg. Mit konkreten Übungen und Rollenspielen, was in der Situation alles möglich wäre, um anders damit umzugehen, gelang es ihr schließlich, die selbst verwirrte Person ihrer Wege gehen zu lassen, ohne davon so stark belastet zu sein.

In einem nächsten Schritt konnte durch ein Wiederaufgreifen der in der Diagnostik erstellten Körperbilder an der Körperwahrnehmung, der Selbstprägnanz, dem Selbstwert und der Selbstwahrnehmung weitergearbeitet werden. Zunächst gelang es, über zeichnerischen Ausdruck in Körperbildern die psychosomatischen Erscheinungen wie Spannungskopfschmerz und Knieschmerz besser zu kontrollieren. Stück für Stück schaffte es Nathalie, über die Reflexion von Alltagssituationen, über kreative Ausdrucksmedien und über die neue Anbindung an die Ausbildungseinrichtung ihren Selbstwert und ihr Selbstbewusstsein zu stärken und mit mehr Entschlossenheit ihre Wege zu gehen. Die Hürden, die sich dabei auftaten, muten für Uneingeweihte schwer nachvollziehbar an: z. B. Rad fahren lernen, ohne die Umgebung und sich selbst zu gefährden; sich in einem Kaufhaus trauen, eine Verkäuferin anzusprechen; eine Hose mit einer Nähmaschine flicken, ohne die Maschine zu zerstören; einen gewaschenen Vorhang aufhängen, ohne ihn vor Wut auf den Boden zu werfen; eine junge Maus, die sie sich gewünscht hatte, nicht nach kurzer Zeit zu lynchen, weil sie sie gebissen hatte.

Auf dieser Basis von Bindungssicherheit und Alltagsstabilität konnten vorsichtig auch traumazentrierte Abschnitte in der Therapie ihren Platz finden, ohne dass die Sicherheit in der Bindung dadurch gefährdet wurde. Obgleich die Kinder- und Jugendlichenpsychotherapie in der Einrichtung angesichts der zahllosen Traumatisierungssituationen sehr stützend und nur geringfügig aufdeckend ausgerichtet war, brachte Nathalie insbesondere in aktuellen Konfliktsituationen mit ihren Eltern immer wieder sehr belastende Erinnerungen ein. Sie konnten zumeist in der Kinder- und Jugendlichenpsychotherapie, zuweilen jedoch auch in der Kreativtherapie und den Bezugsbetreuungsgesprächen über verbale oder kreative Wege zum Ausdruck gebracht werden und verloren so allmählich an Kraft und Einfluss auf den heutigen Alltag. In der Arbeit an den Albträumen z. B. begegnete Nathalie häufig einem »schwarzen Mann«, der eine große Ähnlichkeit mit jenen Zeichnungen aufwies, die sie vom Vater gemacht hatte. Im Gegenzug sah sie in der Gärtnereiausbildung immer wieder Bilder, die ihr vermittelten, ihre Mutter müsse tot irgendwo zwischen den Sträuchern liegen. In der Arbeit an diesem bedrohlichen Bild erschien vor ihrem inneren Auge sehr rasch eine Situation, in der sie nach einer schweren Gewaltausschreitung des Vaters ihre Mutter blutüberströmt auf einer Couch liegen sah und sie für tot hielt. Über eine Sequenz von drei therapeutischen Einheiten konnte dieses Bild mit schonenden Traumatherapietechniken und durch die pädagogische Begleitung im Alltag behutsam bearbeitet und restrukturiert werden (siehe Abbildung 14).

ABBILDUNG 14 Arbeit am Trauma auf der Basis und mithilfe eines sicheren Beziehungsnetzwerkes

In der Folge gelang es ihr, bewusster zwischen den positiven und negativen Anteilen des Vaters zu unterscheiden und Strategien zu entwickeln, sich seinen Gewaltausbrüchen zu entziehen bzw. zu widersetzen. Die Albträume in Person des schwarzen Mannes

nahmen allmählich ab. Durch ihr selbstbewussteres Auftreten und ihre erlangte Volljährigkeit wurde es Nathalie schließlich möglich, den Respekt des Vaters zu gewinnen und Misshandlungen Einhalt zu gebieten. Trotz aller Gewaltvorkommnisse war dies ein wichtiger Schritt für Nathalie. Neben dem Bewusstsein über die Gewalthandlungen und Schädigungen gab es – wie häufig in Gewaltbeziehungen – ihm gegenüber auch eine Reihe zu bewahrende Bindungsanteile, die trotz ihres gesenkten Intelligenzniveaus mit ihr erstaunlich gut reflektiert werden konnten. Hier half Nathalie auch die Einbindung in alternative soziale Kontakte aus der Schul- und der Ausbildungszeit. Erste Partnerschaften konnten begleitet werden und führten bisher nicht zu einer Wiederholung der ehemaligen häuslichen Gewaltsituation. Der sorgsame Umgang mit dieser Ambivalenz zwischen Abstand und Nähe zur Ursprungsfamilie stellte sich als zentral für das Gelingen der Begleitung und neuer Beziehungsaufnahmen von Nathalie heraus. ×

Dritter Schritt: Integration in den Lebensalltag nach der Einrichtung

Eine Annahme des Traumas ermöglicht ein Ausloten der individuellen Möglichkeiten und Grenzen in Gegenwart und Zukunft

Die neu erworbenen Bedingungen erlauben ein Ausloten der individuellen Möglichkeiten und Grenzen in Gegenwart und Zukunft. Damit rückt auch der Übergang in ein einrichtungsunabhängiges Leben in den Blick. Die Jugendlichen zu ermächtigen, Verantwortung für das eigene Leben zu übernehmen und neue Perspektiven für sich und in Interaktion mit anderen zu erschließen, gehört zu den zentralen Aufgaben der stationären Jugendarbeit. Eine Annahme des Traumas, eine Einsicht in die Grenzen und Chancen der Bearbeitung und der damit verbundenen Veränderungen können eine Zuwendung zu aktuellen Lebens- und Alltagsthemen erleichtern und die eigenen Fähigkeiten und Möglichkeiten, die realistisch erreichbar sind, entwickeln helfen. In dieser Phase hat der therapeutische Bereich die Aufgabe, die pädagogische Arbeit in Form klarer alltagsrelevanter Zielsetzungen zu unterstützen. Weitere Aufarbeitungssequenzen sind in der Abschiedsphase nicht angebracht und sollten – falls nötig – auf einen späteren Zeitpunkt verschoben werden. Die jeweiligen Ziele müssen daher in enger Vernetzung gesetzt und angegangen werden, um anstehende Themen aufeinander abstimmen und gemeinsam kraftvolle Unterstützungsimpulse setzen zu können.

Über den ganzen Zeitraum hinweg ist die Integration des sozialen Umfeldes in die Betreuung unabdingbar, als Unterstützung für den

Bewältigungsprozess und als prophylaktischer Schutz gegen Reviktimisierungen und sekundäre Traumatisierungen. Dazu gehört in allen Einrichtungen der Kinder- und Jugendarbeit eine klare Struktur für Kriseninterventionen bei dissoziativem, selbst- und fremdschädigendem Verhalten und emotionalen Durchbrüchen bis hin zur Suizidalität. Die Vernetzung und Zusammenarbeit mit regionalen Kriseneinrichtungen und Kliniken sollte selbstverständlich sein, Möglichkeiten und Indikationsstellungen zur Weitervermittlung sollten klar abgesprochen werden. Entsprechende Fort- und Weiterbildungen im Kriseninterventionsbereich sind deshalb für die Mitarbeiterinnen und Mitarbeiter Pflicht (zur Übersicht über die Praxis der Krisenintervention vgl. ORTIZ-MÜLLER u.a. 2010).

Strukturen und Absprachen bzgl. Kriseninterventionssituationen sind in stationären Einrichtungen der Kinder und Jugendarbeit unabdingbar

Die Umfeldarbeit sollte sich sowohl auf die Vernetzung und soziale Unterstützung innerhalb der Einrichtung beziehen als auch auf die Arbeit mit Familie, Schule, Ausbildungsplatz und weiteren Institutionen. Intensive Hilfestellungen beim Eintritt in die Adoleszenz benötigen allerdings auch Zeit, um die dort anstehenden Hürden angemessen meistern zu können. Fragen der Neuorientierung und Integration in den Lebensalltag und der Abschied von der Einrichtung sollten ebenso ausführlich thematisiert werden wie der Erwerb der damit zusammenhängenden Fertigkeiten. Zum Weg in die Selbstständigkeit gehört auch die angemessene Partizipation der Kinder und Jugendlichen selbst an diesem Prozess »als hilfreiches Instrument zur Bewältigung überflutender negativer Lebenserfahrungen. Dies gilt sowohl für eine hilfreiche individuelle Unterstützung eines traumatisierten Kindes als auch institutionell zur Verhinderung von retraumatisierenden Gewalterfahrungen, die unter Gleichaltrigen in Kinder- und Jugendhilfeeinrichtungen drohen können« (Kühn 2013b, S. 138). Nur Kinder und Jugendliche, die in diesem Prozess aktiv eine eigene Rolle spielen, werden später selbstbewusst und entschieden ihren weiteren Weg gehen können.

Übergänge gemeinsam meistern

NATHALIE **ÜBERGANG IN EINE AMBULANTE BETREUUNG** Eine für Nathalie einschneidende Situation während der Abschiedsphase aus der Einrichtung war der Tod des Großvaters, der lange Zeit eine Schutzfunktion für sie hatte. Mit seinem Tod brachen die als Kind empfundene Hilflosigkeit, aber auch Schuldgefühle ihm gegenüber auf, weil Nathalie ihn auf Druck des Vaters über viele Jahre nicht besucht hatte. In Gesprächen gelang es, zum Teil imaginativ die nicht mehr ausgesprochenen Worte gegenüber dem Großvater zu formulieren und seine schützende Rolle als heutige Ressource zu spüren. Die

Trauerphase war dennoch für Nathalie schwer zu ertragen und wühlte nochmals viele alte Verletzungen und Erinnerungen auf, denen sie sich zum Teil hilflos ausgeliefert fühlte. In dieser Zeit kam es vermehrt zu Konflikten mit Mitbewohnerinnen, von denen sie sich schlecht behandelt und ausgegrenzt fühlte. Auch hier arbeiteten Therapie, Bezugsbetreuung und Alltagsbereich eng zusammen. Es gelang, eine Verlängerung der Maßnahme zu bewirken, die ihr mehr Zeit gab, die beiden Prozesse auseinanderzuhalten und den Abschied vom Großvater und schließlich den Abschied von der Einrichtung zu bewältigen.
Dies macht deutlich, wie groß die Sorgfalt in dieser Abschiedsphase sein sollte, damit nicht kumulierende Ereignisse erneut Bindungsverunsicherungen und alte Verlustängste aktualisieren. Die Einrichtung »Myrrha« bemüht sich darüber hinaus um die Möglichkeit einer Nachbetreuung für einen Übergangszeitraum, in dem die jungen Frauen in das Leben in der eigenen Wohnung begleitet werden. Auch danach sind weiterhin lockere Kontakte und Besuche der Frauen in der Einrichtung möglich, die die aufgenommenen Beziehungen auf einer gegenseitigen, freiwilligen Basis aufrechterhalten.
Auch Nathalie wurde in der Übergangszeit von einer einrichtungsnahen Nachbetreuerin in diesen für sie neuen, selbstständigeren Lebensabschnitt begleitet. Heute lebt Nathalie nicht weit entfernt von ihrem Ausbildungsplatz und ihren Eltern und Geschwistern. Sie bewohnt eine eigene Wohnung mit einer Reihe von Haustieren und lebt in einer ihrem Alter entsprechenden Beziehung. Sie verfügt über eine lockere Begleitung durch das Arbeitsprojekt, in dem sie tätig ist, und eine Psychiaterin, die ihr im Bedarfsfall sowohl für Gespräche als auch eventuelle Medikation zur Verfügung steht, wenn die Spannungszustände in Überforderungssituationen unerträglich werden. Nathalie hat ein Maß an Selbstständigkeit erreicht, das bei ihrem Ausmaß traumatischer Beeinträchtigung und Intelligenzminderung Achtung abverlangt. Eine der letzten gemeinsamen Aktivitäten war, ganz pragmatisch einen »Katalog« zu erarbeiten, der Nathalie auch in Zukunft eine Hilfestellung bei der Einschätzung gibt, ob während eines Besuchs bei ihren Eltern dort gerade Alkohol konsumiert wird und Gewaltgefahr besteht oder nicht (siehe Abbildung 15).
Auf der Basis tragender Beziehungsarbeit und des »pädagogisch-therapeutischen Milieus« in der Einrichtung war Nathalie in der Lage, alle Bezugspersonen mit ihren Selbstheilungskräften immer wieder aufs Neue zu überraschen und den pädagogisch-therapeutischen Prozess aktiv mitzugestalten. Bisher ist es nicht zu einer Wiederholung

ABBILDUNG 15 Warnsignale

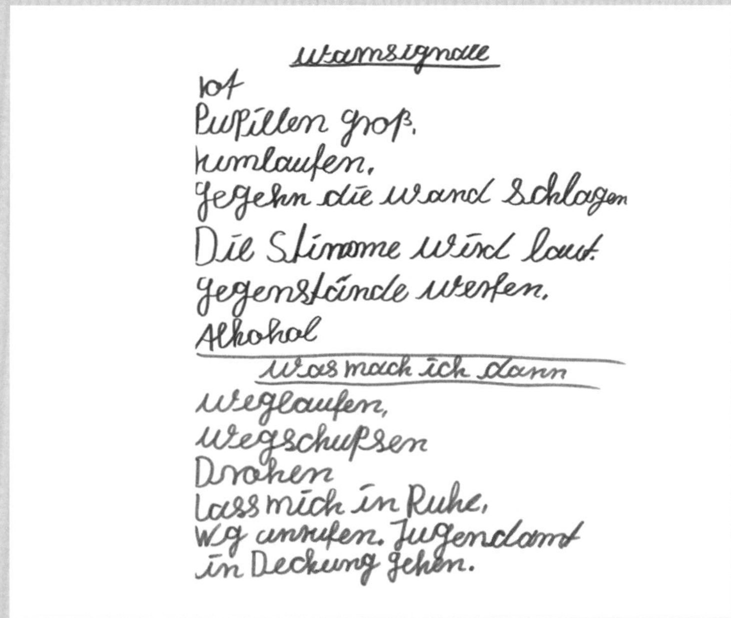

der ehemaligen häuslichen Gewaltsituation gekommen, obwohl bei Nathalie mit einem dauerhaften Risiko von Reviktimisierung und chronischer Belastung im weiteren Lebensverlauf gerechnet werden muss. Dennoch haben »Heilungsprozesse« nach so schweren Ausprägungen komplexer Traumata ihre Grenzen. In der Arbeit an den pseudopsychotischen Stimmen und Erscheinungen gelang es z. B. nicht so einfach, eine Verbindung zu früheren Bezügen herzustellen. Die Mitarbeiterinnen versuchten daher, über Imaginationsübungen und schützende Instanzen zu reagieren. Auf Nathalies Nachttisch wanderte so die Bibel der Einrichtungsleitung, mit der begleitenden Erläuterung, diese halte nächtliche Monster wirksam ab. Einige Symptome verloren auf diese Weise ihren Einfluss auf Nathalie, stets stark unterstützt von der Kreativtherapie und dem pädagogischen Bereich, an den sie sich im Alltag jederzeit mit dieser Problematik wenden konnte. Heute hört Nathalie zwar zuweilen noch Stimmen, sie haben für sie jedoch an Schrecken verloren. ×

Nathalies Beispiel macht anschaulich, von welch zentraler Bedeutung die Zusammenarbeit der pädagogischen und therapeutischen Mitarbeiter für die Herstellung und Aufrechterhaltung eines »pädagogisch-therapeutischen Milieus« ist, in dem erfolgreiche Traumaarbeit stattfinden und neue Beziehungen gewagt werden können. Diese engmaschige Vernetzung erfährt bei jedem Einzelfall eine individuelle Ausgestaltung. Trotz der Suche nach Systematik und Struktur können und dürfen konkrete Stufenmodelle, Anweisungen und Forderungen für die praktische Arbeit vor Ort immer nur Anregungen sein. Bindungs- und traumaorientierte Konzepte sind in der stationären Kinder- und Jugendarbeit unentbehrlich, letztlich macht aber der indikationsspezifische und situationsadäquate Einsatz die eigentliche Qualität der Hilfestellung aus.

Traumaarbeit muss interdisziplinär und einrichtungsübergreifend organisiert werden

An Nathalies Fallbeispiel zeigt sich erneut die große Bedeutsamkeit der Vernetzungsfähigkeit von Einrichtungen bzw. des Hilfesystems insgesamt. Es wurde bereits deutlich, dass insbesondere Jugendliche, die nicht im Sinne eines stufenweisen Ablösungsmodells in den Jahren nach der Therapeutischen Jugendwohngruppe noch weitere Hilfe durch die Einrichtung in Anspruch nehmen konnten, erneut schweren Krisenverläufen ausgesetzt waren. So scheiterte z. B. bei Bettina die geplante Überführung in eine Klinik. Sie war zu diesem Zeitpunkt nicht mehr »jugendhilfeberechtigt«, obwohl sie das dafür gesetzte Lebensalter noch nicht überschritten hatte. Erik rutschte erneut ab nach dem Übergang in eine »Erwachseneneinrichtung«, in der ein deutlich höheres Ausmaß an Selbstverantwortung gefordert war. Er geriet in lebensgefährliche und strafrelevante Eskapaden, und es gelang seinem ehemaligen Bezugsbetreuer nur mit viel Einsatz und Mühe, eine weitere Hilfe zu erwirken.

Zersplittertes System an Zuständigkeiten

Das komplexe System macht deutlich: Eine gemeinsame Sicht von Kinder- und Jugendpsychiatrie, Jugendhilfe und Schule auf die definierte Zielgruppe und deren Bedarfslage ist letztlich die Voraussetzung für die Gestaltung von qualitätsgerechten Hilfemaßnahmen und Hilfeabläufen. Eine effektive Zusammenarbeit scheitert jedoch

ABBILDUNG 16 Kinder und Jugendliche mit einem fachbereichsübergreifenden Hilfebedarf (Weise u.a. 2010, S. 56)

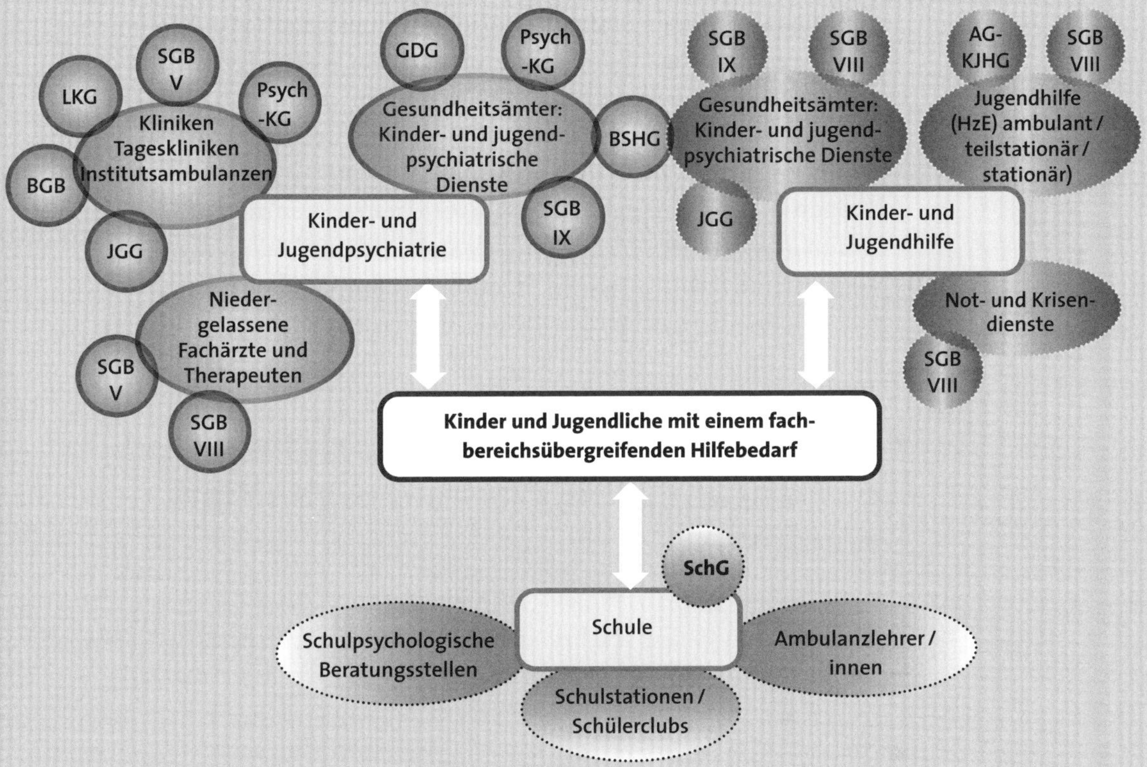

AG KJHG Ausführungsgesetz Kinder- und Jugendhilfegesetz
BGB Bürgerliches Gesetzbuch
BSHG Bundessozialhilfegesetz
GDG Gesundheitsdienstgesetz
HzE Hilfen zur Erziehung
JGG Jugendgerichtgesetz
LKG Landeskrankenhausgesetz
Psych-KG Gesetz für psychisch Kranke
SchG Schulgesetz
SGB Sozialgesetzbuch

auch heute noch häufig an der Ausgangssituation, die durch ein zersplittertes System an Zuständigkeiten, durch unterschiedliche Handlungsaufträge, unterschiedliche Selbstverständnisse und mangelnde Ressourcen gekennzeichnet ist (siehe Abbildung 16). Nicht nur die angeführten Fallbeispiele aus der Studie des Arbeitskreises der Therapeutischen Jugendwohngruppen Berlin (2009), auch Kooperationsprozesse in bisher durchgeführten Modellprojekten zeigen, dass für eine gelingende interdisziplinäre und interinstitutionelle Zusammenarbeit nicht nur gegenseitige Akzeptanz und Anerkennung eine Grundvoraussetzung darstellen, sondern vor allem geteilte Wissensbestände zu klientelspezifischen Problemlagen (Freese u. a. 2009). Das Wissen über deren fachliche Arbeitsweise bietet Einsicht in Möglichkeiten und Grenzen der anderen Person und in konstruktive Handlungsoptionen. Dafür bedarf es auch der Bereitstellung angemessener finanzieller, personeller und struktureller Ressourcen. Dieses Thema soll im Schlusskapitel weiter ausgeführt werden.

Abschließende Überlegungen: Anerkennung, Würde und Respekt als grundlegende Paradigmen der stationären Kinder- und Jugendarbeit

In meiner Funktion als Sachverständige für den »Runden Tisch Heimerziehung«, der aufgrund der menschenverachtenden und gewalttätigen Praktiken der Heimerziehung in den 50er- bis 60er-Jahren eingerichtet wurde, begegnete mir ein Phänomen, das Fachkräften im Traumabereich aus langjähriger Praxis vertraut sein dürfte. Die »Heimkinder« von damals, die sich neben komplexen posttraumatischen Belastungen häufig in psychosozialen Notlagen befinden oder mit einer Reihe weiterer existenzieller Spätfolgen zu kämpfen haben, signalisierten auf allen Ebenen vor allem eine zentrale Sehnsucht: den Wunsch nach umfassender und bedingungsloser Anerkennung des erfahrenen Unrechts durch die Gesellschaft und die damals beteiligten Institutionen sowie angemessenen Respekt für die Leistung, die sie erbracht haben, trotz dieser widrigen Umstände zu überleben.

Die Begleitung schwer Traumatisierter erfordert folglich als grundlegende Kompetenz eine »reflektierte Parteilichkeit« für die Opfer (Reddemann & Sachsse 2000). Voraussetzung zur Vermeidung charakteristischer Schuld- und Schamdynamiken ist – als Alternativerfahrung zum traumatisierenden Umfeld – eine sichere und solidarische Umgebung (Wirtz 1989), die die Würde der Betroffenen respektiert und fördert (Reddemann 2009). Dies scheint selbstverständlich zu sein, spiegelt sich aber keineswegs in den Erfahrungen Betroffener in Hilfekontexten wider (Loerbroks 2010). Verharmlosung und Verleugnung auf der einen und Skandalisierung auf der anderen Seite sind nicht nur im gesellschaftlich-politischen, sondern auch im professionellen Feld zu finden und insbesondere im Bereich der Psychotherapie bereits zahlreich belegt (Reddemann 2009).

Das Phänomen beruht weniger auf perfider Absicht als auf professioneller »Unaufgeklärtheit«. Die Erschütterung über die schwerwiegenden Auswirkungen von Traumata führt leicht zu einer alleinigen

Zentrierung auf die Krankheiten und Symptome bei den »Opfern«. Die Auswirkungen von Gewalt als individuelle Psychopathologie zu kategorisieren, die »Opfer« als hilflos, wehrlos und krank zu klassifizieren, fügt Überlebenden von Gewalttaten jedoch erneutes Unrecht zu und wirkt kumulativ traumatisierend. Becker (1992) schlägt statt der Kategorisierung entlang von Symptomen eine Orientierung an den Erlebnissen vor, »weil das Unterscheidungsmerkmal der Patienten nicht so sehr in der Symptomatik, sondern in den spezifischen Charakteristika der erlittenen Traumatisierung zum Ausdruck kommt« (S. 68): der erlittenen körperlichen, sexuellen oder psychischen Gewalt – oder gar einer Kombination davon. Anhand einer solchen Symptomatik wird auch deutlich, wo die Verursachung des Leids zu lokalisieren ist – in der Tat und nicht in den betroffenen Personen.

Was jedoch bedeutet diese Tatsache für unsere heutige Arbeit in stationären Kontexten für Kinder und Jugendliche? Was ist zu tun oder zu beachten, um statt einer »viktimisierenden Kultur« (Briere 1996, S. 84) »integrierende Räume« zur Verfügung zu stellen, die weitere kumulative Traumatisierungen vermeiden und stattdessen den betroffenen Kindern und Jugendlichen helfen, trotz allem ein möglichst erfülltes Leben zu leben?

Aus der Forschung wissen wir: Stigmatisierung – und damit die Erfahrung von Respektlosigkeit – ist ein Preis, den noch heute nahezu alle Kinder und Jugendlichen zu zahlen haben, die aufgrund desolater familiärer Bedingungen eine institutionelle Hilfe in Anspruch nehmen müssen. Institutionen bieten Klientinnen und Klienten neue Entwicklungsräume, jedoch auch lebenslang eine gewisse Verortung als »Hilfesuchende« (vgl. dazu ausführlich Zikoll 2002). Dieser defizitären Attribuierung so stark wie möglich entgegenzuwirken verlangt eine klare ethisch-politische Ausrichtung, die sich nicht nur außerhalb in politischen Gremien, sondern auch innerhalb der Einrichtung, in der tagtäglichen Arbeit mit den Jugendlichen. Es kommt darauf an, die Ursachen der physischen und psychischen Verletzungen und Verhaltensauffälligkeiten dort zu verorten, wo sie entstanden sind. Dies ist in aller Regel außerhalb der Jugendlichen selbst, in ihrem Umfeld und ihrer Umwelt, im gesellschaftlich-aktualpolitischen Raum von Modernisierungs- und Exklusionsprozessen.

Den daraus entstandenen Symptomatiken und Auswirkungen jedoch können die Jugendlichen nur in von Betreuungsseite unterstützter Eigeninitiative entgegenwirken – eine Schieflage, zu der sich das

Betreuungsteam auf jeden Fall im Arbeitsalltag parteilich positionieren muss (vgl. auch Rothdeutsch-Granzer & Weiss 2016). Dazu bedarf es einer reflektierten Grundhaltung auf drei Ebenen:

- auf der Ebene der persönlich-individuellen Auseinandersetzung als Fachkraft im direkten Kontakt mit den Kindern und Jugendlichen,
- auf der Ebene der Institution im Sinne guter Arbeitsbedingungen für die Fachkräfte und Fachkräfteteams und
- auf der Ebene der Politik im Sinne angemessener Voraussetzungen für die Institutionen der Kinder- und Jugendarbeit.

Die Kinder und Jugendlichen im Alltag hautnah zu begleiten, sich der Dramatik ihres Leids wirklich zu stellen und sich mit ihnen gemeinsam damit auseinanderzusetzen, fordert Professionelle aller Disziplinen in ihren personellen Kompetenzen bis an ihre Grenzen (Weiss 2016, S. 202–222). Die Gefühle und Ambivalenzen der Kinder, die massive Trauer und Wut über das Verlorene und Geschehene müssen ausgehalten werden. Persönliche Ausblendungs- und Dramatisierungstendenzen sollten dazu in Beziehung gesetzt werden. Die aufmerksame Reflexion der eigenen Lebensgeschichte und der durch sie bedingten Übertragungs- und Gegenübertragungsphänomene bei der Arbeit gehört zum täglichen Brot in dieser Arbeit und ist niemals abgeschlossen. Abwehrmechanismen sind unvermeidlich und verzeihlich, nicht jedoch die Unaufmerksamkeit ihnen gegenüber. Dagegen ist »die Reflexion dieser komplizierten Situation, das Verstehen der Botschaft des Kindes, das Verstehen unserer Reaktion, unserer eigenen Übertragungen, ... immer wieder notwendig, damit das Kind seine alten Beziehungserfahrungen bearbeiten und korrigierende Erfahrungen machen kann« (ebd., S. 176).
Reflexion und Auseinandersetzung mit den eigenen Anteilen sind jedoch nicht nur konstruktiv für die Arbeit mit den Kindern und Jugendlichen, sondern »das bewusste Umgehen mit der eigenen Kindheitsgeschichte verhindert die Verfestigung von belastenden Verhaltensmustern und dient der Psychohygiene in belastenden Arbeitssituationen« (ebd., S. 181 f.). Es kann sonst geschehen, dass »PädagogInnen zunehmend Schwierigkeiten haben, die Annehmlichkeiten des eigenen Lebens zu genießen« (ebd., S. 183). Für dieses hoch gesteckte Ziel braucht es Institutionen und Leitungskräfte, die entsprechend diesem Anspruch auch Spielräume bieten, in denen diese Qualität sich entwickeln und entfalten kann. »Fachkräfte brauchen Motivationshilfen und Unterstützung in Form von Ermutigung,

positiven Sanktionen und einer insgesamt fehlerfreundlichen Atmosphäre. Formen kollegialer Beratung und Lernpartnerschaften sind hier hilfreich, ohne dass sie eine professionelle Begleitung ersetzen können.« (Spiegel 2000, S. 170)

Auch die Studie KATA-TWG legt diesen Schluss nahe. Vergleicht man die Kritik der ehemaligen Bewohnerinnen und Bewohner an der Fluktuation des Betreuungspersonals einerseits mit den Aussagen von Professionellen zum Qualifikationsprofil in stationären Einrichtungen der Kinder- und Jugendarbeit andererseits, so ergeben sich zahlreiche Übereinstimmungen zu bereits publizierten Missständen: »Wenn die Fachkräfte in den Einrichtungen den zentralen Bezugspunkt jeglicher Qualitätsarbeit bilden, ist Qualitätsentwicklung immer auch Personalentwicklung«, konstatiert Spiegel (2001, S. 88). »Fachkräfte brauchen Handwerkszeug, um die verschiedenen, teilweise konträren Qualitätserwartungen zusammenzuführen und in zielförderliche pädagogische Arrangements und Prozesse umzusetzen.« Dazu gehören auch eine fachliche, externe Begleitung und Strukturen, die einen Umgang mit Fehlverhalten von professionellen Bezugspersonen erleichtern.

Problemlagen und Entwicklungsmöglichkeiten von Kindern und Jugendlichen im komplexen Interaktionsgefüge eines stationären Alltags wahrzunehmen, zu beschreiben und zu verstehen, ist äußerst anspruchsvoll, zumal wenn die Fachkräfte selbst Bestandteil dieses Geschehens sind. Qualifizierte Arbeit in der stationären Kinder- und Jugendarbeit erfordert nicht nur kompetente Bindungs- und Beziehungsarbeit und störungsspezifisches Wissen auf der fachlichen Seite, sondern auch Strukturgebung und Flexibilität, Teamgeist und Vernetzungskompetenz auf der institutionellen Seite. Fort- und Weiterbildung, Supervision, Intervision bzw. aufrichtige Auseinandersetzung im Team sowie angemessene Ausgleichsmöglichkeiten im Privatbereich sind dafür persönliche Voraussetzungen, um nicht missbräuchlich mit der Betreuungssituation umzugehen (vgl. Thole u. a. 2012). Betreuerin Charlotte beispielsweise hielte die Anforderungen an Authentizität und Reflexivität in der TWG-Arbeit sonst für gar nicht leistbar. Sie beschreibt die Arbeit als vielseitig und herausfordernd. Jeder Fall entfalte seine individuelle Dynamik, der man mit fachlicher Kompetenz, aber auch mit Offenheit begegnen müsse. Dass in ihrer Einrichtung eine so ungewöhnlich geringe Fluktuation im Betreuungsteam herrscht, begründet sie mit den guten Möglichkeiten der Inanspruchnahme von Intervision, Supervision sowie Fort- und Weiterbildung.

Aufgrund der Multiproblemlagen in der stationären Kinder- und Jugendlichenarbeit braucht es zudem verschiedene Personen, Disziplinen und Angebote, die den Jugendlichen mehrere Entwicklungs- und Lösungswege zur Verfügung stellen können. Individuell zugeschnittene, personzentrierte, indikationsspezifische und situationsadäquate Angebote zu machen, erfordert disziplinär, methodisch wie personell eine große Vielfalt innerhalb der Einrichtung und große Vernetzungs- und Fallmanagementkompetenzen zu anderen Institutionen. Häufig wirkt dann eine andere Person, ein anderes Angebot, eine andere disziplinäre Ausrichtung, wenn eine Hilfe nicht greift. Eine Verringerung von Personal, Fachdisziplinen und Angeboten bedeutet real stärker eingeschränkte Chancen der Veränderung, insbesondere für schwierige, mit hartnäckigen Problematiken belastete Kinder und Jugendliche.

Die zum Teil strukturell schlechten Bedingungen der Jugendhilfelandschaft und der Ausstattung der Einrichtungen – sowohl personell als auch im Bereich der Sachmittel – werden in der Studie KATA-TWG durchgängig kritisiert. Betreuer Dieter macht diesem Ärger Luft, indem er sagt: »Dass man um alles kämpfen muss ... die Arbeit ... ist wirklich ganz wichtig, aber zehrt auch ganz schön ... und wenn man dann noch merkt, man muss auf der anderen Seite auch noch kämpfen und ... bekommt so wenig Wertschätzung.« So auch die Forderung von Spiegel (2001): Fachkräfte dürfen nicht durch ein zu hohes Arbeitspensum und Kontrollzumutungen überfordert werden« (S. 88). Im selben Atemzug fordert er Respekt und Ressourcen ein. Die Verantwortlichen in der Kinder- und Jugendpolitik sowie die Träger müssten »zeitliche und finanzielle Ressourcen bereitstellen« (ebd.). Innerhalb der Professionellen und der Forschungscommunity scheint hier Einigkeit zu herrschen. Es stellt sich jedoch die Frage, wie diese Forderungen angesichts der über Jahrzehnte anhaltenden Sparmaßnahmen in der Kinder- und Jugendhilfe ebenso wie im Gesundheitsbereich umzusetzen sind.

Dass sich dieser Mangelzustand auf dem Rücken der Kinder und Jugendlichen niederschlägt, wurde eingangs bereits deutlich gemacht (zur Diskussion der sogenannten »Careleaver« vgl. Sievers u. a. 2015; Nüsken 2014). Sind die Beziehungsressourcen stark angegriffen, braucht Bindungs- und Betreuungsarbeit viel Zeit, um eine Nachsozialisation zu ermöglichen, eine Forderung, die Finanzierungsstrukturen zuwiderläuft (Kühn 1998). Obwohl nach der Gesetzgebung der Zeitraum bis 27 immer noch als Entwicklungsrahmen vorgesehen ist, unterstützt die Jugendhilfe seit einigen Jahren im Zuge der Sparmaßnahmen nicht mehr den Adoleszenzprozess, wie an Eriks und Bettinas Geschichte deutlich wurde (siehe Kapitel »Beziehung als Schlüsselfaktor« und »Interinstitutionelle Zusammenarbeit«). Nach mehreren Abbrüchen in einer »Jugendhilfekarriere« wird vom Jugendamt aufgrund finanzieller Erwägungen häufig keine weitere Hilfe gewährt. Gerade für diese Jugendlichen jedoch würde eine passgenaue und auf den jeweiligen Bindungsstatus antwortende Hilfeleistung gebraucht und auch eher Aussichten auf Erfolg eröffnen. Für einige Jugendliche bleibt in schwierigen Zeiten nach dem TWG-Aufenthalt den Interviews zufolge das Angebot der Betreuer, sich an sie zurückzuwenden, der letzte Rettungsanker. Für Charlotte ist zum Beispiel ganz selbstverständlich, dass ihre Einrichtung »ein Anlaufpunkt bleibt ... und sei es, um weitere Hilfen zu vermitteln«. Langzeitschäden durch den Umgang mit Bewilligungszeiträumen in der stationären Jugendhilfelandschaft sollten jedoch nicht auf den Schultern einzelner engagierter Praktikerinnen ausgetragen werden, sondern institutionell und jugendhilfepolitisch verankert sein. Nur dann kann es gelingen, den großen Schatz engagierter Fachkräfte in der stationären Kinder- und Jugendarbeit zu bewahren und weiterzuentwickeln. Dass dieses Engagement existiert oder eben auch nicht, belegen die Aussagen ehemaliger Bewohner: »Und was ich da schon feststellen musste«, sagt Erik im Interview, »ist natürlich überall so, aber es gab manche Betreuer, die machen da einfach so ihre Arbeit so ganz sachlich und formal, und manche Betreuer sind dann wirklich so mit Herz, sag' ich mal, dabei und bringen Einsatz, und das war halt schön ... die zeigen einfach Interesse an einem, die unterhalten sich mit einem ... und verbringen gerne Zeit. Man merkt's irgendwie.« Und Erik ergänzt seine Ausführungen mit einem Hinweis auf die Wirkung dieses Engagements auf ihn und seine Entwicklung: »So 'ne Menschen haben einfach mehr Einfluss auf einen. Wenn einem irgendein Mensch mehr oder weniger egal ist, dann lässt man von da kommende Ratschläge oder Gespräche, die kommen einfach nicht so an, die verinnerlicht man nicht so, als wenn man mit jemandem spricht, den man mag, dem man vertraut. Dann denkt man zweimal drüber nach über die Gespräche.«

Literatur

AINSWORTH, M. D. S.; BELL, S. M.; STAYTON, D. J. (1974): Infant-mother attachment and social development. »Socialization« as a product of reciprocal responsiveness to signals. In: RICHARDS, M. P. (Hg.): The integration of a child into social world. Cambridge, S. 99–135.

AINSWORTH, M. D. S.; WITTIG, B. A. (1969): Attachment and the exploratory behavior of one year olds in a strange situation. In: Determinants of infant behavior, 144. Jg., Heft 4, S. 113–136.

ALEXANDER, F.; FRENCH, T. M. (1946): Psychoanalytic therapy. New York.

ANTONOVSKY, A. (1979): Health, stress and coping. New perspectives on mental and physical well-being. San-Francisco, CA.

Arbeitskreis der Therapeutischen Jugendwohngruppen Berlin (Hg.). (2005): Das Therapeutische Milieu als Angebot der Jugendhilfe. Konzepte und Arbeitsweisen Therapeutischer Jugendwohngruppen in Berlin. Berlin. Online verfügbar: http://www.therapeutische-jugendwohngruppen.de/publikationen/Tagungsreader_AK_TWG_2005.pdf [01.09.2020].

Arbeitskreis der Therapeutischen Jugendwohngruppen Berlin (Hg.). (2008): Das Therapeutische Mileu als Angebot der Jugendhilfe. Band 2: Beziehungsangebote – Diagnostik – Interventionen, Berlin. Online verfügbar: http://www.therapeutische-jugendwohngruppen.de/publikationen/Tagungsreader_AK_TWG_2008.pdf [01.09.2020].

Arbeitskreis der Therapeutischen Jugendwohngruppen Berlin (Hg.). (2009): Abschlussbericht der Ktamnesestudie therapeutischer Wohngruppen in Berlin. KATA-TWG. Berlin. Online verfügbar: http://www.forschung-stationaere-jugendhilfe.de/downloads/kata-twg_bericht.pdf [01.09.2020]

BABITSCH, B.; GÖTZ, N.-A. (2016): Auswirkungen sozialer Ungleichheit auf Gesundheitschancen im Kindes- und Jugendalter und die Herausforderungen für die Präventions- und Versorgungsforschung. In: Kinder- und Jugendmedizin, 16. Jg., Heft 3, S. 167–172. Online verfügbar: https://www.researchgate.net/publication/308032158 [01.09.2020].

BADURA, B. (1981): Zur sozialepidemiologischen Bedeutung sozialer Bindung und Unterstützung. Soziale Unterstützung und chronische Krankheit. In: Badura, B. (Hg.): Zum Stand sozialepidemiologischer Forschung. Frankfurt, S. 13–39.

Barnes, J. A. (1954): Class and committees in a Norwegian island parish. In: Human Relations, 7. Jg., Heft 1, S. 39–58.

Baumann, U.; Pfingstmann, G. (1986): Soziales Netzwerk und soziale Unterstützung. In: Nervenarzt, 57. Jg., Heft 12, S. 686–691.

Baur, D.; Finkel, M.; Hamberger, M.; Kühn, A. D. (1998): Leistungen und Grenzen der Heimerziehung. Ergebnisse einer Evaluationsstudie stationärer und teilstationärer Erziehungshilfen. Stuttgart.

Bausum, J.; Besser, L.; Kühn, M.; Weiss, W. (Hg.) (2013): Traumapädagogik. Grundlagen, Arbeitsfelder und Methoden für die pädagogische Praxis, 3. durchgesehene Auflage. Weinheim.

Bayerisches Landesjugendamt (BLJ) (Hg.) (2009): Sozialpädagogische Diagnose. Arbeitshilfen zur Feststellung des erzieherischen Bedarfs. München.

Beck, N.; Warnke, A. (2009 a): Jugendhilfebedarf nach stationärer kinder- und jugendpsychiatrischer Behandlung. In: Zeitschrift für Kinder- und Jugendpsychiatrie und Psychotherapie, 37. Jg., Heft 1, S. 57–67.

Beck, N.; Warnke, A. (2009 b): Kooperation Kinder- und Jugendpsychiatrie – Jugendhilfe: Psychosoziale Versorgung als gemeinsamer Auftrag. In: Reichert, A.; Adams, G.; Beck, N.; Warnke, A. (Hg.): Tagungsband anlässlich der 10. Fachtagung »Kind und Familie – 10 Jahre Kooperation Kinder- und Jugendpsychiatrie und Kinder- und Jugendhilfe« am 6.–7. Oktober 2008 in Würzburg. Lengerich, S. 73–87.

Becker, D. (1992): Ohne Hass keine Versöhnung. Das Trauma der Verfolgten. Freiburg.

Becker, D. (1997): Trauerprozess und Traumaverarbeitung im interkulturellen Zusammenhang. In: Wirtgen, W. (Hg.): Trauma – Wahrnehmen des Unsagbaren. Psychopathologie und Handlungsbedarf. Heidelberg, S. 23–38.

Becker, S. (2005): Pädagogisch-therapeutische Milieus – psychoanalytische Sozialarbeit und Reformpädagogik in Konvergenz. In: psychosozial, 28. Jg., Heft 3, S. 119–128.

Berger, P. L.; Luckmann, T. (1969): Die gesellschaftliche Konstruktion der Wirklichkeit. Eine Theorie der Wissenssoziologie. Frankfurt. (27., unveränderte Auflage 2018; englisches Original 1966)

Bettelheim, B. (1970): Liebe allein genügt nicht. Die Erziehung emotional gestörter Kinder. Stuttgart. (Englisches Original 1950)

BETTELHEIM, B. (1973): So können sie nicht leben. Die Rehabilitierung emotional gestörter Kinder. Stuttgart. (2., unveränderte Auflage 1999; englisches Original 1964)

BETTELHEIM, B. (1990): Der Weg aus dem Labyrinth. Leben lernen als Therapie, neu ausgestattete Ausgabe. Stuttgart. (Englisches Original 1974)

BETTELHEIM, B. (1993): Themen meines Lebens. Essays über Psychoanalyse, Kindererziehung und das Schicksal der Juden, ungekürzte Ausgabe. Stuttgart. (Englisches Original 1990)

BION, W.R. (1990): Lernen durch Erfahrung. Frankfurt. (Unveränderter Nachdruck 2004; englisches Original 1962)

BIRCK, A. (2001): Die Verarbeitung sexualisierter Gewalt in der Kindheit bei Frauen in der Psychotherapie. Dissertation. Universität Köln, Fachbereich Psychologie.

BÖHNISCH, L. (1994): Gespaltene Normalität. Lebensbewältigung und Sozialpädagogik an den Grenzen der Wohlfahrtsgesellschaft. Weinheim.

BÖHNISCH, L. (2008): Milieubildung als pädagogisches Konzept einer lebensweltorientierten Jugendhilfe. In: GRUNWALD, K.; THIERSCH, H. (Hg.): Praxis Lebensweltorientierter Sozialer Arbeit. 2. unveränderte Auflage, S. 435–441. Weinheim: Juventa. (Erstauflage 2004)

BÖLT, U.; GRAF, T. (2012): 20 Jahre Krankenhausstatistik. In: Wirtschaft und Statistik, 12. Jg., Heft 2, S. 112–138. Online verfügbar: pdfhttps://docplayer.org/8314761-20-jahre-krankenhausstatistik.html [01.09.2020].

BORG-LAUFS, M.; DITTRICH, K. (Hg.) (2010): Psychische Grundbedürfnisse in Kindheit und Jugend: Perspektiven für Soziale Arbeit und Psychotherapie. Tübingen.

BOURDIEU, P. (2015): Schriften zu Politik & Kultur. Band 1: Die verborgenen Mechanismen der Macht. Durchgesehene Neuauflage. Hamburg.

BOWLBY, J. (1973): Mütterliche Zuwendung und geistige Gesundheit. München. (Englisches Original 1951)

BOWLBY, J. (1995): Elternbindung und Persönlichkeitsentwicklung. Therapeutische Aspekte der Bindungstheorie. Heidelberg. (Englisches Original 1988)

BOWLBY, J. (2006): Bindung und Verlust. 3 Bände. München. (Englische Originale: Vol. 1 1969, Vol. 2 1973, Vol. 3 1980)

BRIERE, J. (1996): Therapy for adults molested as children. Beyond survival. 2. überarbeitete und erweiterte Auflage. New York. (Unveränderter Nachdruck 2001)

BRISCH, K.H. (2009): Bindungsstörungen. Von der Bindungstheorie zur Therapie. 9. vollständig überarbeitete und erweiterte Auflage. Stuttgart. (17. unveränderte Auflage 2020)

BRÜCHER, K. (2005): Therapeutische Räume. Zur Theorie und Praxis psychotherapeutischer Interaktion. München.

BT-Drs. 16/12860 (Deutscher Bundestag. Drucksache vom 30.04.2009). (2009): Bericht über die Lebenssituation junger Menschen und die Leistungen der Kinder- und Jugendhilfe in Deutschland. 13. Kinder- und Jugendbericht und Stellungnahme der Bundesregierung. Berlin. Online verfügbar: http://dip21.bundestag.de/dip21/btd/16/128/1612860.pdf [01.09.2020].

BT-Drs. 17/12200 (Deutscher Bundestag. Drucksache vom 30.01.2013) (2013): Bericht über die Lebenssituation junger Menschen und die Leistungen der Kinder- und Jugendhilfe in Deutschland – 14. Kinder- und Jugendbericht – und Stellungnahme der Bundesregierung. Berlin. Online verfügbar: http://dip21.bundestag.de/dip21/btd/17/122/1712200.pdf [01.09.2020].

BUBER, M. (1966): Nachlese. Heidelberg. (3. unveränderte Auflage 1993)

BUBER, M. (1983): Ich und Du, 11. durchgesehene Auflage. Heidelberg. (12. unveränderte Auflage 1994; erste Auflage 1923)

BUCHHEIM, A.; STRAUSS, B. (2002): Interviewmethoden in der klinischen Bindungsforschung. In: STRAUSS, B.; BUCHHEIM, A.; KÄCHELE, H. (Hg.): Klinische Bindungsforschung. Theorien, Methoden, Ergebnisse, Stuttgart, S. 27–53.

BÜRGIN, D. (1999): Adoleszenz und Trauma. Grundsätzliche und spezifische Aspekte der Behandlung von Jugendlichen mit traumatischen Erfahrungen. In: STREECK-FISCHER, A. (Hg.): Adoleszenz und Trauma. Göttingen, S. 128–160.

BUTOLLO, W.; KRÜSMANN, M.; HAGL, M. (2002): Leben nach dem Trauma. Über therapeutischen Umgang mit dem Entsetzen, 2. durchgesehene Auflage. München.

CICCHETTI, D. (1999): Entwicklungspsychopathologie: Historische Grundlagen, konzeptionelle und methodische Fragen, Implikationen für Prävention und Intervention. In: OERTER, R.; HAGEN, C.. v.; RÖPER, G.; NOAM, G. (Hg.): Klinische Entwicklungspsychologie. Weinheim, S. 11–44.

CIOMPI, L. (1985): Auf dem Weg zu einem kohärenten multidimensionalen Krankheits- und Therapieverständnis der Schizophrenie. In: BÖKER, W.; BRENNER, D. (Hg.): Bewältigung der Schizophrenie. Bern, S. 57–61.

Ciompi, L. (1998): Affektlogik. Über die Struktur der Psyche und ihre Entwicklung. Ein Beitrag zur Schizophrenieforschung. 5. um ein Vorwort erweiterte Auflage. Stuttgart. (Erste Auflage 1982)

Colla, H. (1999): Personale Dimension des (sozial-)pädagogischen Könnens – der pädagogische Bezug. In: Colla, H.; Gabriel, T.; Milham, S.; Müller-Teusler, S.; Winkler, M. (Hg.): Handbuch Heimerziehung und Pflegekinderwesen in Europa/Handbook Residential and Foster Care in Europe. Neuwied, S. 341–362.

Conen, M.-L. (1992): Familienorientierung als Grundhaltung in der stationären Erziehungshilfe. Dortmund.

Cournoyer, B. (2002): The social work skills workbook, 2. durchgesehene Auflage. Pacific Grove, CA.

Crittenden, P. M. (1995): Attachment and psychopathology. In: Goldberg, S.; Muir, R.; Kerr, J. (Hg.): John Bowlby's attachment theory. Historical, clinical, and social significance. Hillsdale, NJ, S. 367–406.

Crittenden, P. M. (1999): Child Neglect: Causes and Contributors. In: Dubowitz, H. (Hg.): Neglected children. Research, practice, and policy. Thousand Oaks, CA, S. 47–68.

Darius, S.; Hellwig, I.; Schrapper, C. (Hg.) (2001): Krisenintervention und Kooperation als Aufgabe von Jugendhilfe und Jugendpsychiatrie in Rheinland-Pfalz. Mainz.

Diewald, M. (1991): Soziale Beziehungen: Verlust oder Liberalisierung? Soziale Unterstützung in informellen Netzwerken. Berlin.

Döring, E. (2004): Personzentrierte Psychotherapie mit Kindern und Jugendlichen. Was hilft Spielen mit traumatisierten Kindern und Jugendlichen? In: Gesprächspsychotherapie und Personzentrierte Beratung, 35. Jg., Heft 3, S. 193–198.

Dörr, M. (2005): Soziale Arbeit in der Psychiatrie. München. (2. unveränderte Auflage 2011)

Dörr, M. (2018): Psychoanalytische Pädagogik. In: Otto, H.-U.; Thiersch, H. (Hg.): Handbuch Soziale Arbeit. Grundlagen der Sozialarbeit und Sozialpädagogik, 6. überarbeitete Auflage. München, S. 1223–1235.

Drieschner, E. (2011): Bindung in familialer und öffentlicher Erziehung. Zum Zusammenhang von psychischer Sicherheit, Explorationssicherheit und früher Bildung im geteilten Betreuungsfeld. In: Drieschner, E.; Gaus, D. (Hg.): Liebe in Zeiten pädagogischer Professionalisierung. Wiesbaden, S. 105–156.

du Bois, R. (2004): Historische Trennlinien und Berührungspunkte zwischen Jugendhilfe und Kinder- und Jugendpsychiatrie.

In: Fegert, J. M.; Schrapper, C. (Hg.): Handbuch Jugendhilfe – Jugendpsychiatrie. Interdisziplinäre Kooperation. Weinheim, S. 421–427.

Ehmer, K. (2010): »Weil das auch immer so unsicher war«. Versorgung aus der Sicht von AdressatInnen. In: Klinische Sozialarbeit, 6. Jg., Heft 4, S. 9–10. Online verfügbar: https://zks-verlag.de/wp-content/uploads/Zeitschrift-2010-4.pdf [01.09.2020].

Fegert, J. M.; Schrapper, C. (Hg.): (2004). Handbuch Jugendhilfe – Jugendpsychiatrie. Interdisziplinäre Kooperation. Weinheim.

Finke, J. (2004): Gesprächspsychotherapie. Grundlagen und spezifische Anwendungen, 3. überarbeitete und erweiterte Auflage. Stuttgart. (4. unveränderte Auflage 2010)

Fischer, W.; Goblirsch, M. (2004): Narrativ-biographische Diagnostik in der Jugendhilfe. Fallrekonstruktion im Spannungsfeld von wissenschaftlicher Analyse und professioneller Handlungspraxis. In: Heiner, M. (Hg.): Diagnostik und Diagnosen in der Sozialen Arbeit. Ein Handbuch. Berlin, S. 127–140.

Fischer, G.; Riedesser, P. (2009): Lehrbuch der Psychotraumatologie. 4. aktualisierte und erweiterte Auflage. München. (Erste Auflage 1998)

Flatten, G.; Gast, U.; Hofmann, A.; Wöller, W.; Reddemann, L.; Siol, T. (2004): Posttraumatische Belastungsstörung. Leitlinie und Quellentext. 2. aktualisierte und erweiterte Auflage. Stuttgart.

Fliss, C.; Igney, C. (Hg.) (2008): Handbuch Trauma und Dissoziation. Interdisziplinäre Kooperation für komplex traumatisierte Menschen. Lengerich.

Foa, E. B.; Keane, T. M.; Friedman, M. J. (Hg.). (2009): Effective treatments for PTSD, 2. überarbeitete Auflage. New York.

Fonagy, P.; Gergely, G.; Jurist, E. L.; Target, M. (2004): Affektregulierung, Mentalisierung und die Entwicklung des Selbst. Stuttgart. 6. unveränd. Aufl. 2018; englisches Original 2002)

Freese, W.; Holz, M.; Adam, S. (2009): Abschlussbericht des Modellprojekts: »Kooperation von Kinder- und Jugendpsychiatrie, Jugendhilfe und Schule« in der Region Berlin Südwest. 2005–2008. Berlin. Online verfügbar: urn:nbn:de:kobv:109-opus-191574 [01.09.2020].

Fröhlich-Gildhoff, K. (2011): Einführende Überlegungen zu Gemeinsamkeiten und Unterschieden der verschiedenen Perspektiven in der Kinder- und Jugendlichenpsychotherapie. In: Gahleitner, S. B.; Fröhlich-Gildhoff, K.; Schwarz, M.; Wetzorke, F.

(Hg.): Ich sehe was, was Du nicht siehst ... Gemeinsamkeiten und Unterschiede verschiedener Perspektiven in der Kinder- und Jugendlichenpsychotherapie. Stuttgart, S. 25–38.

Fröhlich-Gildhoff, K. (2013): Angewandte Entwicklungspsychologie der Kindheit. Begleiten, Unterstützen und Fördern in Familie, Kita und Grundschule. Stuttgart.

Gahleitner, S.B. (2005 a): Neue Bindungen wagen. Beziehungsorientierte Therapie bei sexueller Traumatisierung. München.

Gahleitner, S.B. (2005 b): Psychosoziale Diagnostik und Intervention bei komplexer Traumatisierung. In: psychosozial, 28. Jg., Heft 3, S. 43–58.

Gahleitner, S.B. (2007): Neue Bindungen wagen – Bindungstheorie als Grundlage für beziehungsorientierte Psychotherapie bei komplex traumatisierten KlientInnen. In: Gesellschaft für wissenschaftliche Gesprächspsychotherapie (GwG) (Hg.): Personzentrierte Psychotherapie und Beratung für traumatisierte Klientinnen und Klienten. Köln, S. 93–115.

Gahleitner, S.B. (2009): Persönliche Beziehungen aus bindungstheoretischer Sicht. In: Lenz, K.; Nestmann, F. (Hg.): Handbuch Persönliche Beziehungen. Weinheim, S. 145–170.

Gahleitner, S.B. (2010): Das »Therapeutische Milieu« als Antwort auf frühe Gewalterfahrung: Der Personzentrierte Ansatz bei komplexer Traumatisierung. In: Trauma & Gewalt, 5. Jg., Heft 2, S. 128–140.

Gahleitner, S.B. (2017): Biografiearbeit und Trauma. In: Miethe, I.: Biografiearbeit: Ein Lehr- und Handbuch für Praxis, Studium und Ausbildung, 3. durchgesehene Auflage. Weinheim, S. 142–152.

Gahleitner, S.B. (Hg.) (2012): Traumapädagogik [Themenheft]. Soziale Arbeit, 61. Jg., Heft 4.

Gahleitner, S.B. (2015): Das pädagogisch-therapeutische Milieu in der stationären Arbeit mit traumatisierten Kindern und Jugendlichen. In: Heilpädagogik, 58. Jg., Heft 2, S. 2–10.

Gahleitner, S.B. (2016): Milieutherapeutische und -pädagogische Konzepte. In: Weiss, W.; Kessler, T.; Gahleitner, S.B. (Hg.): Handbuch Traumapädagogik. Weinheim, S. 56–66.

Gahleitner, S.B.; Borg-Laufs, M.; Schwarz, M. (2010): Kinder- und Jugendlichenpsychotherapie: Gedanken zu einer bedarfsgerechten Versorgung aus der Perspektive Klinischer Sozialarbeit. In: Gahleitner, S.B.; Hahn, G. (Hg.): Klinische Sozialarbeit. Gefährdete Kindheit – Risiko, Resilienz und Hilfen. Bonn, S. 291–303.

Gahleitner, S. B.; Hahn, G.; Glemser, R. (Hg.) (2013): Psychosoziale Diagnostik. Köln.

Gahleitner, S. B.; Hensel, T.; Baierl, M.; Kühn, M.; Schmid, M. (Hg.) (2014): Traumapädagogik in psychosozialen Handlungsfeldern. Ein Handbuch für Jugendhilfe, Schule und Klinik. Göttingen. (3. unveränderte Auflage 2017)

Gahleitner, S. B.; Hintenberger, G.; Leitner, A. (2013): Biopsychosozial – zur Aktualität des interdisziplinären Modells in Psychotherapie, Beratung und Supervision. In: Resonanzen, 1. Jg., Heft 1, S. 1–14. Online verfügbar: https://www.resonanzen-journal.org/index.php/resonanzen/article/view/188/245 [01.09.2020].

Gahleitner, S. B.; Homfeldt, H. G. (Hg.) (2012): Kinder und Jugendliche mit speziellem Versorgungsbedarf. Beispiele und Lösungswege für Kooperation der sozialen Dienste. Weinheim.

Gahleitner, S. B.; Ossola, E.; Mudersbach, A. (2005): Das T in der TWG: Interdisziplinäre Arbeit mit traumatisierten Jugendlichen im sozial-therapeutischen Kontext. In: Arbeitskreis der Therapeutischen Jugendwohngruppen Berlin (Hg.): Therapeutisches Milieu als Angebot der Jugendhilfe. Konzepte und Arbeitsweisen therapeutischer Jugendwohngruppen in Berlin. Berlin, S. 94–107. Online verfügbar: http://www.therapeutische-jugendwohngruppen.de/publikationen/Tagungsreader_AK_TWG_2005.pdf [01.09.2020].

Gahleitner, S. B.; Pauls, H. (2013): Biopsychosoziale Diagnostik als Voraussetzung für eine klinisch-sozialarbeiterische Interventionsgestaltung: Ein variables Grundmodell. In: Gahleitner, S. B.; Hahn, G.; Glemser, R. (Hg.): Psychosoziale Diagnostik. Köln, S. 61–77.

Gahleitner, S. B.; Schleiffer, R. (2010): Bindung und Trauma. In: Gahleitner, S. B.; Hahn, G. (Hg.): Klinische Sozialarbeit. Gefährdete Kindheit – Risiko, Resilienz und Hilfen. Bonn, S. 28–41.

Gahleitner, S. B.; Schulze, H. (2009): Psychosoziale Traumatologie – eine Herausforderung für die Soziale Arbeit. In: Klinische Sozialarbeit, 5. Jg., Heft 2, S. 4–7. https://zks-verlag.de/wp-content/uploads/Zeitschrift-2009-2.pdf [01.09.2020].

Gahleitner, S. B.; Schulze, H.; Pauls, H. (2009): ›hard to reach‹ – ›how to reach‹? Psychosoziale Diagnostik in der Klinischen Sozialarbeit. In: Pantuček, P.; Röh, D. (Hg.): Perspektiven sozialer Diagnostik. Über den Stand der Entwicklung von Verfahren und Standards. Münster, S. 321–344.

Gahleitner, S. B.; Weiss, W. (2016): Traumapädagogisches diagnostisches (Fall-)Verstehen. In: Weiss, W.; Kessler, T.;

Gahleitner, S. B. (Hg.): Handbuch Traumapädagogik. Weinheim, S. 262–271.

Garbe, E. (1993): Martha. Psychotherapie eines Mädchens nach sexuellem Mißbrauch, 2. überarbeitete Auflage. Weinheim. (3. unveränderte Auflage 2005)

Geyer, S. (2016): Soziale Ungleichheit und Gesundheit/Krankheit. In: Bundeszentrale für gesundheitliche Aufklärung (BZgA) (Hg.): Leitbegriffe der Gesundheitsförderung und Prävention. Köln. Online verfügbar: https://www.leitbegriffe.bzga.de/alphabetisches-verzeichnis/soziale-ungleichheit-und-gesundheitkrankheit/ [01.09.2020].

Girnth, T. (1995): Betreuungsarbeit mit »seelisch behinderten Jugendlichen« – ein Praxisbericht. In: Forum Erziehungshilfen, 1. Jg., Heft 4, S. 161–163.

Gloger-Tippelt, G. (2001): Das Adult Attachment Interview. Durchführung und Auswertung. In: Gloger-Tippelt, G. (Hg.): Bindung im Erwachsenenalter. Bern, S. 102–120.

Goffman, E. (1972): Asyle. Über die soziale Situation psychiatrischer Patienten und anderer Insassen. Frankfurt. (21. unveränderte Auflage 2019; englisches Original 1961)

Goldbeck L.; Stieglitz, R.-D. (2009): Diagnostische Verfahren. In: Fegert, J. M.; Streeck-Fischer, A.; Freyberger, H. J. (Hg.): Adoleszenzpsychiatrie. Psychiatrie und Psychotherapie der Adoleszenz und des jungen Erwachsenenalters. Stuttgart, S. 215–221.

Gottlieb, B. H. (1983): Social support strategies. Guidelines for mental health practice. Beverly Hills, CA. (3. unveränderte Auflage 1986)

Grawe, K. (2000): Psychologische Therapie. 2. korrigierte Auflage. Göttingen. (Erste Auflage 1998)

Grawe, K. (2004): Neuropsychotherapie. Göttingen. (Unveränderte Online-Ausgabe 2014)

Griesehop, H. R.; Rätz, R.; Völter, B. (2012): Biografische Einzelfallhilfe. Methoden und Arbeitstechniken. Weinheim.

Grossmann, K.; Grossmann, K. E. (2012): Bindungen. Das Gefüge psychischer Sicherheit, 5. vollständig überarbeitete Auflage. Stuttgart. (7. unveränderte Auflage erschienen 2017)

Günder, R.; Bloch, R.; Heggemann, A.; Hofmann, E.; Huülsmann, B.; Lüke, K.; Müller, M.; Reichardt, P.; Schlaberg, F.; Schmitz, N.; Schneider, M.; Vogt, C.; Wiesemann, H. (2004). Methodisches Handeln in der stationären Erziehungshilfe. Ergebnisse einer Studie. In: Unsere Jugend, 56. Jg., Heft 1, S. 14–21.

GwG Akademie (Hg.) (2007): Personzentrierte Psychotherapie und Beratung für traumatisierte Klientinnen und Klienten. Köln.

Hantke, L.; Görges, H.-J. (2012): Handbuch Traumakompetenz. Basiswissen für Therapie, Beratung und Pädagogik. Paderborn.

Hart, O. v. d.; Nijenhuis, E. R. S.; Steele, K. (2008): Das verfolgte Selbst. Strukturelle Dissoziation und die Behandlung chronischer Traumatisierung. Paderborn. (Englisches Original 2006)

Heiner, M. (Hg.). (2004): Diagnostik und Diagnosen in der Sozialen Arbeit. Ein Handbuch. Berlin.

Heiner, M. (2011): Diagnostik in der Sozialen Arbeit. In: Otto, H.-U.; Thiersch, H. (Hg.): Handbuch Soziale Arbeit. Grundlagen der Sozialarbeit und Sozialpädagogik. 4. vollständig neu bearbeitete Auflage. München, S. 237–250. (6. überarbeitete Auflage mit unverändertem Beitrag 2018)

Heiner, M. (2013): Wege zu einer integrativen Grundlagendiagnostik in der Sozialen Arbeit. In: Gahleitner, S. B./Hahn, G./Glemser, R. (Hg.): Psychosoziale Diagnostik. Bonn, S. 18–34.

Herz, B. (2009): Vertiefende Aspekte der Kooperation zwischen Schule und Kinder- und Jugendhilfe. Online verfügbar: https://www.mk.niedersachsen.de/download/5781/Vertiefende_Aspekte_zur_Kooperation_zwischen_Schule_und_Kinder-_und_Jugendhilfe_Prof._Dr._Herz_F_7b_.pdf [01.09.2020].

Hesse, E. (2018): The Adult Attachment Interview: Historical and current perpectives. In: Cassidy, J.; Shaver, P. R. (Hg.): Handbook of attachment. Theory, research, and clinical applications, 3. überarbeitete Auflage. New York, S. 553–597.

Hölling, H.; Schlack, R.; Petermann, F.; Ravens-Sieberer, U.; Mauz, E. (2014): Psychische Auffälligkeiten und psychosoziale Beeinträchtigungen bei Kindern und Jugendlichen im Alter von 3 bis 17 Jahren in Deutschland – Prävalenz und zeitliche Trends zu 2 Erhebungszeitpunkten (2003–2006 und 2009–2012). Ergebnisse der KiGGS-Studie – Erste Folgebefragung (KiGGS Welle 1). In: Bundesgesundheitsblatt – Gesundheitsforschung – Gesundheitsschutz, 57. Jg., Heft 7, S. 807–819. Online verfügbar: http://edoc.rki.de/oa/articles/re9wG5xBftbdM/PDF/23snHyPgg8sPo.pdf [01.09.2020].

Hofmann, R. (2002): Bindungsgestörte Kinder und Jugendliche mit einer Borderline-Störung. Ein Praxisbuch für Therapie, Betreuung und Beratung. Stuttgart.

Homfeldt, H. G.; Sting, S. (2006): Soziale Arbeit und Gesundheit. Eine Einführung. München.

Hopf, C. (2005): Frühe Bindungen und Sozialisation. Eine Einführung. Weinheim.

Horowitz, M. J. (2002): Persönlichkeitsstile und Belastungsfolgen. Integrative psychodynamisch-kognitive Psychotherapie. In: Maercker, A. (Hg.): Therapie der posttraumatischen Belastungsstörungen, 2. überarbeitete und ergänzte Auflage. Berlin, S. 107–128.

Horowitz, M. J. (2011): Stress response syndromes. New York.

Huber, M. (2010): Multiple Persönlichkeiten. Seelische Zersplitterung nach Gewalt. Durchgesehene Neuauflage. Paderborn.

Husserl, E. (1998): Ausgewählte Texte. Band 1: Die phänomenologische Methode, durchgesehene und bibliografisch ergänzte Auflage. Stuttgart. (Unveränderter Nachdruck 2014; Originale erschienen seit 1901)

Husserl, E. (2008): Ausgewählte Texte. Band 2: Phänomenologie der Lebenswelt, 2. überarbeitete Auflage. Stuttgart. (Originale erschienen seit 1929)

Jacob, A.; Wahlen, K. (2006): Das Multiaxiale Diagnosesystem Jugendhilfe (MAD-J). München.

Jannicke, M. (1998): Therapeutische Wohngemeinschaften für Jugendliche in Berlin: eine eigenständige Angebotsform im Bereich der stationären Hilfen nach § 34 oder § 35 a KJHG. In: Unsere Jugend, 50. Jg., Heft 9, S. 408–413.

Janoff-Bulman, R. (1985): The aftermath of victimization: Rebuilding shattered assumptions. In: Figley, C. (Hg.): Trauma and its wake. The study and treatment of post-traumatic stress disorder. New York, S. 15–35.

Jungmann, J. (2007): Kooperation als Programm. Zur qualifizierten Versorgung psychisch kranker junger Menschen mit komplexen Hilfebedarf. In: EREV-Schriftenreihe, 48. Jg., Heft 2, S. 33–41.

Kardorff, E. v. (2005): Psychiatrie und Sozialpädagogik/Sozialarbeit. In: Otto, H.-U.; Thiersch, H. (Hg.): Handbuch Sozialarbeit, Sozialpädagogik. 3. unveränderte Auflage. München, S. 1434–1445. (Letzte überarbeitete Auflage erschienen 2001)

Karls, J. N.; Wandrei, K. E. (Hrsg.) (2008): Person-In-Environment System. The PIE Classification System for social functioning problems, 2. überarbeitete Auflage. Washington, DC.

Keilson, H. (2005): Sequentielle Traumatisierung bei Kindern. Untersuchung zum Schicksal jüdischer Kriegswaisen. Unveränderter Nachdruck der Erstausgabe von 1979. Gießen.

Kessler, T. (2016): Äußere Eindrücke und innere Erwartungen. Theoretische Aspekte zu den Dynamiken von Übertragung und

Gegenreaktion in der traumapädagogischen Arbeit. In: Weiss, W.; Kessler, T.; Gahleitner, S. B. (Hg.): Handbuch Traumapädagogik. Weinheim, S. 123–130.

Keupp, H. (1987): Psychosoziale Praxis im gesellschaftlichen Umbruch. Bonn. Online verfügbar: http://bidok.uibk.ac.at/library/keupp-praxis.html#idp1895152 [01.09.2020].

Keupp, H. (1997): Ermutigung zum aufrechten Gang. Tübingen.

Keupp, H. (2003): Identitätsbildung in der Netzwerkgesellschaft: Welche Ressourcen werden benötigt und wie können sie gefördert werden? In: Finger-Trescher, U.; Krebs, H. (Hg.): Bindungsstörungen und Entwicklungschancen. Gießen, S. 15–50.

Keupp, H.; Ahbe, T.; Gmür, W.; Höfer, R.; Mitzscherlich, B.; Kraus, W.; Straus, F. (1999): Identitätskonstruktionen. Das Patchwork der Identitäten in der Spätmoderne. Hamburg. (5. unveränderte Auflage 2013)

Kolk, B. A. v. d. (2000): Die Vielschichtigkeit der Anpassungsprozesse nach erfolgter Traumatisierung: Selbstregulation, Reizdiskriminierung und Entwicklung der Persönlichkeit. In: Kolk, B. A. v. d.; McFarlane, A. C.; Weisaeth, L. (Hg.): Traumatic Stress. Grundlagen und Behandlungsansätze. Theorie, Praxis und Forschung zu posttraumatischem Streß sowie Traumatherapie. Paderborn, S. 169–194.

Kolk, B. A. v. d.; Burbridge, J. A.; Suzuki, J. (1999): Die Psychobiologie traumatischer Erinnerungen. Klinische Folgerungen aus Untersuchungen mit bildgebenden Verfahren bei Patienten mit posttraumatischer Belastungsstörung. In: Streeck-Fischer, A. (Hg.): Adoleszenz und Trauma, 2. unveränderte Auflage. Göttingen, S. 57–78. (Erste Auflage 1998)

Kolk, B. A. v. d.; Pelcowitz, D.; Roth, S.; Mandel, F. S.; McFarlane, A.; Herman, J. L. (1996): Dissociation, somatization, and affect dysregulation. The complexity of adaption to trauma. In: American Journal of Psychiatry, Festschrift Supplement, 153. Jg., Heft 7, S. 83–93.

Kormann, G. & Saur, B. (2008): »Gedeihen trotz widriger Umstände«. Was Kinder und Jugendliche im Heim in ihrer Entwicklung stärkt. In: Eckey, B.; Haid-Loh, A.; Jacob, K.; Krüger, F.; Michelsen, H. (Hg.): Jugend bewegt Beratung. Adoleszenz als Herausforderung und Chance für die Erziehungsberatung. Weinheim, S. 257–282.

Krautkrämer-Oberhoff, M. (2013): Traumapädagogik in der Heimerziehung. Biografiearbeit mit dem Lebensbuch »Meine Geschichte«.

In: BAUSUM, J.; BESSER, L.; KÜHN, M.; WEISS, W. (Hg.): Traumapädagogik. Grundlagen, Arbeitsfelder und Methoden für die pädagogische Praxis, 3. durchgesehene Auflage. Weinheim, S. 126–137.

KRIEGER, W. (2010): Netzwerkarbeit als Methode der Sozialen Arbeit. In: ISO filial RGSU w. g. Saratove (Hg.): Professionalnye resursy sozialnoj sfery. Cbornik hautschnych trudow. Tshast 1. Saratov, S. 23–29.

KRÜGER, A. (2008): Akute psychische Traumatisierung bei Kindern und Jugendlichen. Ein Manual zur ambulanten Versorgung. Stuttgart. (2., unveränderte Auflage 2013)

KRUMENACKER, F.-J. (1994): Heimerziehung als Milieugestaltung. Zur Aktualität Bruno Bettelheims. In: KAUFHOLD, R. (Hg.): Annäherung an Bruno Bettelheim. Mainz, S. 262–275.

KRUMENACKER, F.-J. (2001): Entwicklung beginnt im Pädagogen. Über milieutherapeutische Beziehungsgestaltung. In: St. Theresienhaus (Hg.): Beziehungsarbeit in der Jugendhilfe. Gestaltungsformen und Rahmenbedingungen. Bremen, S. 13–50.

KÜHN, A. D. (1998): »Viele Hilfen in Folge« – Jugendhilfekarrieren. In: Bundesministerium für Familie Frauen Senioren und Jugend (Hg.): Leistungen und Grenzen von Heimerziehung: Ergebnisse einer Evaluationsstudie stationärer und teilstationärer Erziehungshilfen. Stuttgart, S. 5–32.

KÜHN, M. (2013 a): »Macht Eure Welt endlich wieder zu meiner!« Anmerkungen zum Begriff der Traumapädagogik. In: BAUSUM, J.; BESSER, L.; KÜHN, M.; WEISS, W. (Hg.): Traumapädagogik. Grundlagen, Arbeistfelder und Methoden für die pädagogische Praxis. 3. durchgesehene Auflage. Weinheim, S. 24–37.

KÜHN, M. (2013 b): Traumapädagogik und Partizipation. Zur entwicklungslogischen, fördernden und heilenden Wirksamkeit von Beteiligung in der Kinder- und Jugendhilfe. In: BAUSUM, J.; BESSER, L.; KÜHN, M.; WEISS, W. (Hg.): Traumapädagogik. Grundlagen, Arbeitsfelder und Methoden für die pädagogische Praxis. 3. durchgesehene Auflage. Weinheim, S. 138–148.

LAIREITER, A.-R. (2009): Soziales Netzwerk & Soziale Unterstützung. In: LENZ, K.; NESTMANN, F. (Hg.): Handbuch Persönliche Beziehungen. Weinheim, S. 75–100.

LANDOLT, M. A./HENSEL, T. (2012): Traumatherapie bei Kindern und Jugendlichen, 2. aktualisierte und erweiterte Auflage. Göttingen.

LASK, J. (2015): PEP4Kids: das positive Erziehungs-Programm. Für Eltern mit Kindern zwischen 2 und 12. 4. ergänzte und überarbeitete Auflage. Gießen.

LATTSCHAR, B.; WIEMANN, I. (2018): Mädchen und Jungen entdecken ihre Geschichte. 5. überarbeitete Auflage. Weinheim.

LEBOWITZ, L.; HARVEY, M.R.; HERMAN, J.L. (1993): A stage-by-dimension model of recovery from sexual trauma. In: Journal of Interpersonal Violence, 8. Jg., Heft 3, S. 378–391.

LEDOUX, J.E. (1998): Das Netz der Gefühle. Wie Emotionen entstehen. München. 5. unveränd. Aufl. 2010; englisches Original 1996)

LINEHAN, M.M. (1993): Trainingsmanual zur Dialektisch-Behavioralen Therapie der Borderline-Persönlichkeitsstörung, 2. unveränderter Nachdruck. München. (Englisches Original 1993).

LOERBROKS, K. (2010): Ihr habt uns unsere Würde genommen – über den Umgang mit dem Begriff der Würde. In: Runder Tisch »Heimerziehung in den 50er und 60er Jahren« (Hg.): Wenn ehemalige Heimkinder heute zu uns in die Beratung kommen. Was müssen oder sollten wir wissen? Berlin, S. 58–63. Online verfügbar: https://www.fonds-heimerziehung.de/fileadmin/de.fonds-heimerziehung/content.de/dokumente/RTH_Materialband.pdf [01.09.2020].

LOTTE, J.; POTHMANN, J. (2010): Bedarf an Hilfen für Familien ungebrochen – Inanspruchnahme steigt auf über 1 Million junge Menschen. In: KomDat Jugendhilfe, 13. Jg., Heft 2, S. 2–4.

MACSENAERE, M.; HERRMANN, T. (2004): Klientel, Ausgangslage und Wirkungen in den Hilfen zur Erziehung. In: unsere jugend, 56. Jg., Heft 1, S. 32–42. Online verfügbar: http://www. forschung-stationaere-jugendhilfe.de/downloads/macsenaere_herrmann_2004.pdf [01.09.2020].

MAIN, M. (1995): Recent studies in attachment: Overview with selected implications for clinical work. In: GOLDBERG, S.; MUIR, R.; KERR, J. (Hg.): Attachment theory: Social, developmental, and clinical perspectives. Hillsdale, NJ, S. 407–474. (Unveränderte Online-Ausgabe 2013)

MAIN, M.; GOLDWYN, R. (1996): Adult attachment scoring and classification systems. Unpublished manuscript. Berkeley.

MAIN, M.; HESSE, E. (1990): Parents' unresolved traumatic experience are related to infant disorganized attachment status: Is frightened and/or frightening parental behavior the linking mechanism? In: GREENBERG, M.T.; CICHETTI, D.; CUMMINGS, E.M. (Hg.): Attachment in the preschool years. Chicago, ILL, S. 161–182. (Unveränderte Neuausgabe 1993)

MÄRTENS, M. (1997): Psychotherapie im Kontext: soziale und kulturelle Koordinaten therapeutischer Prozesse. Heidelberg.

MIELCK, A. (2011): Soziale Ungleichheit und Gesundheit/Krankheit. In: BZgA (Hg.): Leitbegriffe der Gesundheitsförderung und Prävention. Köln, S. 510–516.

MIETHE, I. (2017): Biografiearbeit: Lehr- und Handbuch für Studium und Praxis, 3. durchgesehene Auflage. Weinheim.

MOLLENHAUER, K. (2004): Sozialpädagogische Einrichtungen. In: LENZEN, D. (Hg.): Erziehungswissenschaft. Ein Grundkurs, 6. mit einer aktualisierten Auswahlbibliografie versehene Auflage. Reinbek, S. 447–476.

MÜLLER, H.R. (1999): Zum Verhältnis von Erziehung und Therapie in der Heimerziehung. In: COLLA, H.; MILLHAM, S.; WINKLER, M.; GABRIEL, T.; MÜLLER-TEUSLER, S. (Hg.): Handbuch Heimerziehung und Pflegekinderwesen in Europa. Neuwied, S. 405–413.

NESTMANN, F. (1988): Die alltäglichen Helfer. Berlin. (Unveränderte Online-Ausgabe 2013)

NESTMANN, F. (2000): Soziale Netzwerke – Soziale Unterstützung. In: THIERSCH, H.U.; OTTO, H. (Hg.): Handbuch der Sozialarbeit/Sozialpädagogik. 2. überarbeitete Auflage. Neuwied, S. 1684.

NESTMANN, F. (2005): Netzwerkintervention und soziale Unterstützung fördern: Effektivität und Maximen der Nachhaltigkeit. In: OTTO, U.; BAUER, P. (Hg.): Mit Netzwerken professionell zusammenarbeiten. Band 1: Soziale Netzwerke in Lebenslauf- und Lebenslagenperspektive. Tübingen, S. 131–156.

NESTMANN, F. (2010): Soziale Unterstützung – Social Support. In: SCHRÖER, W./SCHWEPPE, C. (Hg.): Enzyklopädie Erziehungswissenschaft Online. Weinheim, S. 1–39.

NESTMANN, F.; GÜNTHER, J.; STIEHLER, S.; WEHNER, K.; WERNER, J. (Hg.) (2008): Kindernetzwerke: Soziale Beziehungen und soziale Unterstützung in Familie, Pflegefamilie und Heim. Wiesbaden.

NOHL, H. (1973): Der pädagogische Bezug und die Bildungsgemeinschaft. In: KLUGE, N. (Hg.): Das pädagogische Verhältnis. Darmstadt, S. 35–45.

NÜRNBERG, R.; WOLFRUM, P. (2008): Elterliche Präsenz: Gemeinsames Lernen von Pädagogen, Therapeuten und Eltern – ein Abenteuer zwischen Begeisterung und Ernüchterung. In: Arbeitskreis der Therapeutischen Jugendwohngruppen Berlin (Hg.): Das therapeutische Milieu als Angebot der Jugendhilfe. Band 2: Beziehungsangebote, Diagnostik, Interventionen. Berlin, S. 205–211. Online verfügbar: http://www.therapeutische-jugendwohngruppen.de/publikationen/Tagungsreader_AK_TWG_2008.pdf [01.09.2020].

NÜSKEN, D. (2014): Übergang aus der stationären Jugendhilfe ins Erwachsenenleben in Deutschland. Expertise. Frankfurt. Online verfügbar: https://igfh.de/sites/default/files/Expertise%20Nuesken.pdf [01.09.2020].

OLBRICHT, I. (1997): Folgen sexueller Traumatisierung für die weitere Lebensgestaltung. Vortrag während der 47. Lindauer Psychotherapiewochen, Lindau.

OPP, G. (2008): Schulen zur Erziehungshilfe – Chancen und Grenzen. In: REISER, H.; DLUGOSCH, A.; WILLMANN, M. (Hg.): Professionelle Kooperation bei Gefühls- und Verhaltensstörungen. Hamburg, S. 67–88.

ORLINSKY, D.E.; GRAWE, K.; PARKS, B.K. (1971): Process and outcome in psychotherapy – noch einmal. In: BERGIN, A.E.; GARFIELD, S.L. (Hg.): Handbook of psychotherapy and behavior change. New York, S. 270–376.

ORTIZ-MÜLLER, W.; SCHEUERMANN, U.; GAHLEITNER, S.B. (Hg.). (2010): Praxis Krisenintervention. Ein Handbuch für helfende Berufe: Psychologen, Ärzte, Sozialpädagogen, Pflege- und Rettungskräfte, 2. überarbeitete Auflage. Stuttgart.

PANTUČEK, P.; RÖH, D. (Hg.). (2009): Perspektiven Sozialer Diagnostik. Über den Stand der Entwicklung von Verfahren und Standards. Wien.

PATZELT, H. (Hg.) (2000): Würzburger Jugendhilfe-Evaluationsstudie (WJE). Die Wirksamkeit von heilpädagogisch-therapeutischen Hilfen. Selbstevaluation als Grundlage zu empirischen Fragestellungen in der Jugendhilfe – Ein Beitrag zur Qualitätsentwicklung stationärer Erziehungshilfe. Herausgegeben vom Überregionalen Beratungs- und Behandlungszentrum Sankt Joseph, Würzburg [Abschlussbericht]. Würzburg. Online verfügbar: http://www.forschung-stationaere-jugendhilfe.de/downloads/wje_abschlussbericht.pdf [01.09.2020].

PAULS, H. (2011): Klinische Sozialarbeit. Grundlagen und Methoden psycho-sozialer Behandlung, 2. überarbeitete Auflage. Weinheim. (3. unveränderte Auflage 2013)

PAULUS, P. (1997): Soziale Netzwerke, soziale Unterstützung und Gesundheit. In: HOMFELDT, H.G.; HÜNERSDORF, G. (Hg.): Soziale Arbeit und Gesundheit. Neuwied, S. 175–203.

PERRY, B.D.; POLLARD, R. (1998): Homeostasis, stress, trauma and adaptation. A neurodevelopmental view of childhood trauma. In: Child and Adolescent Psychiatric Clinics of North America, 7. Jg., Heft 1, S. 33–51.

Perry, B.D.; Szalavitz, M. (2006): Der Junge, der wie ein Hund gehalten wurde. Was traumatisierte Kinder uns über Leid, Liebe und Heilung lehren können. München. (9., unveränd. Aufl. 2019; englisches Original 2006)

Pestalozzi, J.H. (2006): Wie Gertrud ihre Kinder lehrt. Bad Schwartau. (3., unveränderte Auflage 2012; erste Auflage 1801)

Petzold, H.G.; Wolf, H.U.; Landgrebe, B.; Josič, Z.; Steffan, A. (2000): »Integrative Traumatherapie« – Modelle und Konzepte für die Behandlung von Patienten mit »posttraumatischer Belastungsstörung«. In: Kolk, B.A. v.d.; McFarlane, A.C.; Weisaeth, L. (Hg.): Traumatic Stress. Grundlagen und Behandlungsansätze. Theorie, Praxis und Forschung zu posttraumatischem Streß sowie Traumatherapie. Paderborn, S. 445–549.

Reddemann, L. (2008): Imagination als heilsame Kraft. Zur Behandlung von Traumafolgen mit ressourcenorientierten Verfahren. 14. durchgesehene Auflage. Stuttgart. (19. unveränderte Auflage 2015)

Reddemann, L. (2009): Gleichwertigkeit und Würde: Voraussetzung jeder Behandlung in der Suchtkrankenhilfe. In: Gahleitner S.B.; Gunderson C.L. (Hg.): Gender – Trauma – Sucht. Neues aus Forschung, Diagnostik und Praxis. Kröning, S. 61–82. (2. unveränderte Auflage 2016)

Reddemann, L.; Sachsse, U. (2000): Traumazentrierte imaginative Therapie. In: Egle, U.T.; Hoffmann, S.O.; Joraschky, P. (Hg.): Sexueller Mißbrauch, Mißhandlung, Vernachlässigung. Erkennung und Therapie psychischer und psychosomatischer Folgen früher Traumatisierungen, 2. vollständig aktualisierte und erweiterte Auflage. Stuttgart, S. 375–389.

Redl, F. (1971): Erziehung schwieriger Kinder. Beiträge zu einer psychotherapeutisch orientierten Pädagogik. München. (4. unveränderte Auflage 1987)

Redl, F. (1978): Erziehungsprobleme, Erziehungsberatung. Aufsätze. München.

Remschmidt, H.; Schmidt, M.H.; Poustka, F. (Hg.). (2012): Multiaxiales Klassifikationsschema für psychische Störungen des Kindes- und Jugendalters nach ICD-10 der WHO. Mit einem synoptischen Vergleich von ICD-10 mit DSM-IV. 6. korrigierte Auflage. Bern.

Richmond, M. (1917): Social diagnosis. New York. Online verfügbar: http://www.historyofsocialwork.org/PDFs/1917,%20Richmond,%20Social%20Diagnosis%20OCR%20C.pdf [01.09.2020].

RICHMOND, M. (1922): What is social casework? New York. Online verfügbar: https://archive.org/details/whatissocialcaseoorichuoft [01.09.2020].

ROGERS, C.R. (2007): Eine Theorie der Psychotherapie, der Persönlichkeit und der zwischenmenschlichen Beziehungen. Entwickelt im Rahmen des klientenzentrierten Ansatzes, 3. neu formatierte Auflage Köln. (Englisches Original 1959)

RÖHRLE, B. (1994): Soziale Netzwerke und soziale Unterstützung. München.

RÖPER, G.; NOAM, G. (1999): Entwicklungsdiagnostik in klinisch-psychologischer Therapie und Forschung. In: OERTER, R.; HAGEN, C. v.; RÖPER, G.; NOAM, G. (Hg.): Klinische Entwicklungspsychologie. Weinheim, S. 218–239.

ROSEMEIER, C.-P. (2009): Pädagogisch-therapeutische Arbeit mit der Gruppe im stationären Jugendhilfe-Setting. In: Kindesmisshandlung- und Vernachlässigung, 12. Jg., Heft 1, S. 65–81.

ROSEMEIER, C.-P.; HESTERMEYER, B. (2005): Nicht mit, aber auch nicht ohne! – Familientherapeutische Arbeit in therapeutischen Jugendwohngruppen. In: Arbeitskreis der Therapeutischen Jugendwohngruppen Berlin (Hg.): Das Therapeutische Milieu als Angebot der Jugendhilfe. Konzepte und Arbeitsweisen Therapeutischer Jugendwohngruppen in Berlin. Berlin, S. 171–180. Online verfügbar: http://www.therapeutische-jugendwohngruppen.de/publikationen/Tagungsreader_AK_TWG_2005.pdf [01.09.2020].

ROTHDEUTSCH-GRANZER, C.; WEISS, W. (2016): Reformerische und emanzipatorische Pädagogik. Instpirationen für die traumapädagogische Praxis und Theoriebildung. In: WEISS, W.; KESSLER, T.; GAHLEITNER, S.B. (Hg.): Handbuch Traumapädagogik. Weinheim, S. 33–43.

RYAN, T.; WALKER, R.; ATWELL, A.; HITCHAM, M.; LOVIE, J.; SMITH, G.; WIEMANN, I. (2007): Wo gehöre ich hin? Biografiearbeit mit Kindern und Jugendlichen, 4. unveränderte Auflage. Weinheim. (Englisches Original 1993)

SACHSSE, U. (1999): Selbstverletzendes Verhalten. Psychodynamik – Psychotherapie. Das Trauma, die Dissoziation und ihre Behandlung. Göttingen. (7., unveränderte Auflage 2008)

SACHSSE, U. (2006): Beziehung als Trauma: der nicht sexuelle Missbrauch. In: Persönlichkeitsstörungen – Theorie und Therapie, 10. Jg., Heft 2, S. 99–104.

SALOMON, A. (2002): Soziale Diagnose. Berlin. (Erste Auflage 1926)

SCHLEIFFER, R.; GAHLEITNER, S.B. (2010): Schwierige Klientel oder schwierige Helfende? Konsequenzen desorganisierter Bindungsmuster für die psychosoziale Arbeit. In: Gahleitner, S. B.; Hahn, G. (Hg.): Klinische Sozialarbeit. Gefährdete Kindheit – Risiko, Resilienz und Hilfen. Bonn, S. 197–213.

Schmid, M. (2008): Entwicklungspsychopathologische Grundlagen einer Traumapädagogik. In: Trauma & Gewalt, 2. Jg., Heft 4, S. 288–309.

Schmid, M. (2010 a): Kinder- und Jugendhilfe im Brennpunkt: Nachdenken über strukturell verursachte gesellschaftliche Folgekosten bei Jugendhilfeabbrüchen. In: Klinische Sozialarbeit, 6. Jg., Heft 4, S. 6–8. Online verfügbar: https://zks-verlag.de/wp-content/uploads/Zeitschrift-2010-4.pdf [01.09.2020].

Schmid, M. (2010 b): Umgang mit traumatisierten Kindern und Jugendlichen in der stationären Jugendhilfe »Traumasensibilität« und »Traumapädagogik«. In: Fegert, J. M.; Ziegenhain, U.; Goldbeck, L. (Hg.): Traumatisierte Kinder und Jugendliche in Deutschland. Analysen und Empfehlungen zu Versorgung und Betreuung (Reihe: Studien und Praxishilfen zum Kinderschutz). Weinheim, S. 36–60. (2., unveränderte Auflage 2013)

Schmid, M.; Fegert, J. M.; Petermann, F. (2010): Traumaentwicklungsstörung: Pro und Contra. In: Kindheit und Entwicklung, 19. Jg., Heft 1, S. 47–63.

Schmid, M.; Nützel, J.; Fegert, J. M.; Goldbeck, L. (2006): Wie unterscheiden sich Kinder aus Tagesgruppen von Kindern aus der stationären Jugendhilfe? In: Praxis für Kinderpsychologie und Kinderpsychiatrie, 55. Jg., Heft 8, S. 544–558. Online verfügbar: urn:nbn:de:0111-opus-9779 [01.09.2020].

Schmid, M.; Wiesinger, D.; Lang, B.; Jaszkowic, K.; Fegert, J. M. (2007): Brauchen wir eine Traumapädagogik? In: Kontext, 38. Jg., Heft 4, S. 333–356.

Schmidt, M. H.; Schneider, K.; Hohm, E.; Pickartz, A.; Macsenaere, M.; Petermann, F.; Flosdorf, P.; Hölzl, H.; Knab, E. (2002): Effekte erzieherischer Hilfen und ihre Hintergründe (Schriftenreihe des Bundesministeriums für Familie, Senioren, Frauen und Jugend, Band 219). Stuttgart. Online verfügbar: http://www.bmfsfj.de/RedaktionBMFSFJ/Broschuerenstelle/Pdf-Anlagen/PRM-23978-SR-Band-219 [01.09.2020].

Schubert, F.-C. (1993): Lebensweltorientierte Sozialarbeit. Grundpostulate, Selbstverständnis und Handlungsperspektiven. In: Klüsche, W. (Hg.): Professionelle Identitäten in der Sozialarbeit/Sozialpädagogik. Anstöße, Herausforderungen und Rahmenbedingungen im Prozess der Entwicklung eines beruflichen Selbstverständnisses. Aachen, S. 165–211. (2., unveränderte Auflage 1994)

Schulze, H. (2008): Lebensgeschichtliches Erzählen im psychotherapeutischen Beratungskontext. In: Forum Qualitative Sozialforschung, 9. Jg., Heft 1, Art. 1 [32 Absätze]. Online verfügbar: nbn:de:0114-fqs080117 [01.09.2020].

Schulze, H.; Loch, U. (2010): Narrativ-reflexive Beratung. In: Bock, K.; Miethe, I. (Hg.): Handbuch Qualitative Methoden in der Sozialen Arbeit. Opladen, S. 414–421.

Schulze, H.; Loch, U.; Gahleitner, S. B. (2012): Soziale Arbeit mit traumatisierten Menschen – Plädoyer für eine Psychosoziale Traumatologie. Baltmannsweiler. (3., unveränderte Auflage 2016)

Schuntermann, M. (2018): Einführung in die ICF: Grundkurs – Übungen – offene Fragen. 4. aktualisierte Auflage. Landsberg.

Schütz, A. (1971): Das Problem der Relevanz. Frankfurt. (2., unveränderte Auflage 2016; englisches Original 1970)

Schütz, A.; Luckmann, T. (2017): Strukturen der Lebenswelt, 2. überarbeitete Auflage Konstanz. (Erste Auflagen: Teil 1 1979, Teil 2 1984)

Siegel, D. J. (2006): Wie wir werden die wir sind. Neurobiologische Grundlagen subjektiven Erlebens/die Entwicklung des Menschen in Beziehungen. Paderborn. (2. unveränderte Auflage 2010; englisches Original 1999)

Siegrist, K. (1989): Sozialer Rückhalt und Normalität sozialen Handelns. In: Angermeyer, M. C.; Klusmann, D. (Hg.): Soziales Netzwerk. Ein neues Konzept für die Psychiatrie. Berlin, S. 64–76.

Sievers, B.; Thomas, S.; Zeller, M. (2015): Jugendhilfe – und dann? Zur Gestaltung der Übergänge junger Erwachsener aus stationären Erziehungshilfen. Frankfurt. (3. unveränderte Auflage 2018)

Sobczyk, M. (1993): Die pädagogisch betreute Wohngruppe. Organisationsstrukturelle Rahmenbedingungen und pädagogisch-therapeutische Ansätze stationärer Betreuung und Förderung verhaltensauffälliger Jugendlicher. Regensburg. (2. unveränderte Auflage 1995)

Sozialgesetzbuch Achtes Buch (SGB VIII) (2015): Kinder- und Jugendhilfe. Neugefasst durch Bek. v. 11.9.2012 I 2011; zuletzt geändert durch Art. 1 G v. 28.10.2015 I 1802. Online verfügbar unter: https://www.gesetze-im-internet.de/bundesrecht/sgb_8/gesamt.pdf [01.09.2020].

Spangler, G. (2001): Die Psychobiologie der Bindung. Ebenen der Bindungsorganisation. Bindungstheorie und Familiendynamik. In: Suess, G. J.; Scheurer-Englisch, H.; Pfeiffer, W.-K. P. (Hg.): Bindungstheorie und Familiendynamik. Anwendung der Bindungstheorie in Beratung und Therapie. Gießen, S. 157–177. (2., unveränderte Auflage 2012)

Spiegel, H. v. (2000): Jugendarbeit mit Erfolg. Arbeitshilfen und Erfahrungsberichte zur Qualitätsentwicklung und Selbstevaluation. Ein Modellprojekt des Landschaftsverbandes Westfalen-Lippe – Landesjugendamt, Westfälische Schulen. Münster.

Spiegel, H. v. (2001): Perspektiven der Selbstevaluation – veranschaulicht am Beispiel Qualitätsentwicklung in der Kinder- und Jugendarbeit. In: Bundesministerium für Familie Senioren Frauen und Jugend (Hg.): Perspektiven der Evaluation in der Kinder- und Jugendhilfe. Düsseldorf, S. 85–88. Online verfügbar: http://www.selbstevaluation.de/selbstevaluation.de/files/QS_35.pdf [01.09.2020].

Statistisches Bundesamt (2019): Statistisches Jahrbuch Deutschland und Internationales 2019. Online verfügbar unter: https://www.destatis.de/DE/Themen/Querschnitt/Jahrbuch/statistisches-jahrbuch-2019-dl.pdf [09.09.2020].

Stern, D. (1992): Die Lebenserfahrung des Säuglings. Stuttgart. (12., unveränderte Auflage 2020; englisches Original 1985)

Strauss, B. (2006): Bindungsforschung und therapeutische Beziehung. In: Psychotherapeut, 51. Jg., Heft 1, S. 5–14.

Streeck-Fischer, A. (Hg.) (2012): Traumapädagogik III [Themenheft]. Trauma & Gewalt, 6. Jg., Heft 3.

Streeck-Fischer, A. (2014): Trauma und Entwicklung. Frühe Traumatisierungen und ihre Folgen in der Adoleszenz. 2. überarbeitete Auflage. Stuttgart.

Sullivan, H. (1983): Die interpersonale Theorie der Psychiatrie. Frankfurt. (Englisches Original 1953).

Terr, L. C. (1991): Childhood traumas: An outline and overview. In: American Journal of Psychiatry, 148. Jg., Heft 1, S. 10–20.

Thiersch, H. (1992): Lebensweltorientierte soziale Arbeit. Aufgaben der Praxis im sozialen Wandel. Weinheim. (9., unveränderte Auflage 2014)

Thiersch, H. (2006): Nähe und Distanz in der Sozialen Arbeit. In: Dörr, M.; Müller, B. (Hg.): Die Erfahrung der Wirklichkeit. Perspektiven einer alltagsorientierten Sozialpädagogik, 2. ergänzte Auflage. Weinheim.

THOLE, W.; BAADER, M.; HELSPER, W.; KAPPELER, M.; LEUZINGER-BOHLEBER, M.; REH, S.M.; SIELERT, U. M.; THOMPSON, C. (Hg.) (2012): Sexualisierte Gewalt, Macht und Pädagogik. Opladen.

TRIESCHMANN, A. E.; WHITTAKER, J. K.; BRENDTRO, L. K. (1975): Erziehung im therapeutischen Milieu. Ein Modell. Freiburg. (6., unveränderte Auflage 1990; englisches (Englisches Original 1969)

VYGOTSKY, L. S. (1978): Mind in society. The development of higher psychological processes. Cambridge, MA. Online verfügbar: http://ouleft.org/wp-content/uploads/Vygotsky-Mind-in-Society.pdf [22.08.2016]. (Russisches Original 1930)

WAKOLBINGER, C.; KATSIVELARIS, M.; REISEL, B.; PAPULA, I.; NADERER, G. (Hg.) (2011): Die Erlebnis- und Erfahrungswelt unserer Kinder. Tagungsband der 3. Internationalen Fachtagung für klienten-/personenzentrierte Kinder- und Jugendlichenpsychotherapie. Norderstedt.

WEINBERG, D. (2005): Traumatherapie mit Kindern. Strukturierte Trauma-Intervention und traumabezogene Spieltherapie. Stuttgart. (7., unveränderte Auflage 2020)

WEINBERGER, S. (2013): Klientenzentrierte Gesprächsführung: Lern- und Praxisanleitung für psychosoziale Berufe. 14. überarbeitete Auflage. Weinheim.

WEISE, R.; HARTUNG, A.; WESSEL, M. (2003): Kooperation von Kinder und Jugendpsychiatrie, Jugendhilfe und Schule. Berlin. Online verfügbar: urn:nbn:de:kobv:109-opus-191564 [01.09.2020].

WEISS, W. (2005): Was hilft? Pädagogische Möglichkeiten zur Korrektur traumatischer Erfahrungen nutzen. In: Forum Erziehungshilfen, 11. Jg., Heft 1, S. 42–47.

WEISS, W. (2008): Wie kann man Philipp beim Suchen helfen? Die Unterstützung von Selbstbildung – eine pädagogische Chance zur Bewältigung kumulativer traumatischer Erlebnisse. In: Trauma & Gewalt, 2. Jg., Heft 4, S. 328–336.

WEISS, W. (2013): »Wer macht die Jana wieder ganz?« Über Inhalte von Traumabearbeitung und Traumaarbeit. In: BAUSUM, J.; BESSER, L.; KÜHN, M.; WEISS, W. (Hg.): Traumapädagogik. Grundlagen, Arbeitsfelder und Methoden für die pädagogische Praxis. 3. durchgesehene Auflage. Weinheim, S. 14–23.

WEISS, W. (2016): Philipp sucht sein Ich. Zum pädagogischen Umgang mit Traumata in den Erziehungshilfen, 8. durchgesehene Auflage. Weinheim.

WEISS, W.; KESSLER, T.; GAHLEITNER, S. B. (Hg.) (2016): Handbuch Traumapädagogik. Weinheim.

Winkler, M. (1999): »Ortshandeln« – die Pädagogik der Heimerziehung. In: Colla, H.; Gabriel, T.; Milham, S. (Hg.): Handbuch Heimerziehung und Pflegekinderwesen in Europa. Handbook Residental and Foster Care in Europe. Neuwied, S. 307–324.

Winnicott, D.W. (2020): Von der Kinderheilkunde zur Psychoanalyse, 2. unveränderte Auflage der vollständig überarbeiteten und erweiterten Neuausgabe von 1976. Gießen. (Englisches Original 1958)

Wintersperger, S. (2006): Wann ist das Trauma zu Ende? Wege und Ziele in der Traumatherapie. In: Imagination, 28. Jg., Heft 2, S. 39–48.

Wirtz, U. (1989): Seelenmord. Inzest und Therapie. Zürich. (13., unveränderte Auflage 2005)

World Health Organization (WHO) (2009): Lexikon zur ICD-10 Klassifikation psychischer Störungen, 2. vollständig überarbeitete und erweiterte Auflage. Bern.

World Health Organisation (WHO) (2011): Internationale Klassifikation psychischer Störungen. ICD-10 Kapitel V (F). Klinisch-diagnostische Leitlinien. 8. überarbeitete Auflage. Bern.

Yehuda, R. (2012): Die Neuroendokrinologie bei Posttraumatischer Belastungsstörung im Licht neuer neuroanatomischer Befunde. In: Streeck-Fischer, A.; Sachsse, U.; Özkan, I. (Hg.): Körper, Seele, Trauma. Biologie, Klinik und Praxis, 2. durchgesehene Auflage. Göttingen, S. 43–71.

Zikoll, G. (2002): Therapeutische und Sozialpsychiatrische Wohngruppenverbünde. Hilfen nach § 35a SGB VIII/KJHG. Evangelischer Erziehungsverband e.V. (EREV) (Hg.): Gefahr der Stigmatisierung junger Menschen oder Chance für die Bereitstellung effektiver und bedarfsgerechter Hilfeangebote. Hannover, S. 130–143.

Hilfeprozesse bei Hard-to-reach-Klientel beziehungsorientiert ermöglichen

Lisa Große und Silke Birgitta Gahleitner

Wie bereits deutlich wurde, sind Hard-to-reach-Klienten und -Klientinnen oft durch multiple, existenzielle Problemlagen und Krankheitszustände bedroht (Labonté-Roset et al. 2010). Sie benötigen dringend und umfassend Unterstützung, werden jedoch vom Gesundheits- und Sozialsystem nicht gut erreicht. Meist verfügen sie in ihrem Umfeld nicht über eine ausreichende An- und Einbindung an Hilfen. Für die Kontaktaufnahme bedarf es in der Regel einer ausdrücklichen Eigeninitiative: Allein für die Hilfeermittlung und deren Gewährung bedarf es einer für das Hilfesystem adäquaten Bedarfsäußerung. Erschüttert von vorherigen nicht gelungenen Beziehungs- und Unterstützungserfahrungen ziehen sich Hard-to-reach-Klienten und -Klientinnen jedoch eher aus sozialen Beziehungen zurück und stehen professionellen Angeboten – häufig nicht unbegründet – skeptisch gegenüber.

Aus Sicht der Helfenden wiederum sind die Bedarfe dieser Klientel sehr komplex und wirken nicht selten unrealistisch und damit kaum anknüpfungsfähig an die bestehenden Angebote. Fast immer sind Hilfen an spezifische Bedingungen gebunden, von den Betroffenen wird dies jedoch als bedrängend oder gar bedrohlich erlebt.

Hard-to-reach-Klientel steht in der akuten Begegnungssituation häufig unter einem großen emotionalen Druck. In dieser Situation sind Fachkräfte daher besonders gefordert, professionelle Vertrauens- und Beziehungsarbeit zu leisten, indem sie zunächst behutsam auf die Klientel zugehen, die Institutionslogik zurückstellen und die spezifische Situation und Motivationslage »entschlüsseln«. Nach Gerull (2010) ist niemand »unerreichbar, es kommt auf die Methoden an, mit denen versucht wird, Kontakt herzustellen und zu halten« (S. 90).

Soziale Arbeit kann aus dieser Perspektive als gesellschaftliche Reaktion auf die »Bewältigungstatsache« (Böhnisch 2005, S. 199) der Zweiten Moderne verstanden werden. Fachkräfte, die an vielen Stellen mit dieser sozial stark belasteten, häufig auch psychisch beeinträchtigten oder physisch kranken

Hard-to-reach-Klientel zu tun haben, benötigen spezifische Wissensbestände und Kompetenzen, insbesondere im Begegnungs-, Bindungs- und Beziehungsbereich. Erst und nur auf Basis eines gelungenen Kontakts können existenzielle Notlagen exploriert und bearbeitet werden. Obwohl diese Erfahrung von vielen Professionellen in Praxis und Forschung geteilt wird, ist noch immer nicht geklärt, wie – im Detail – eine Kontakt- und Beziehungsaufnahme in diesem Arbeitsfeld gestaltet wird bzw. gestaltet werden sollte. Deshalben möchten wir in diesem Beitrag zeigen, dass es bei Hard-to-reach-Klientel zwar keine schnellen und einfachen Lösungen, aber Vertrauen und Beziehung geben kann und dies auch möglich und nötig ist, um gemeinsam einen Hilfeprozess starten und gelingen zu lassen.

Kompetenznotwendigkeit zur Leistungsgewährung

Ein Mindestmaß an Eigenkompetenz und Initiative ist häufig Grundlage für die Gewährung von professionellen Hilfen durch die Kostenträger sowie die Umsetzung der Hilfen durch Leistungsträger. Niedrigschwellige Angebote, die aufsuchend und ohne vorherige Kostenklärung tätig werden, sind in der Versorgungslandschaft selten. Erst wenn sie aus Eigeninitiative Beratungs- und Behandlungsangebote aufsuchen, kommen Klienten und Klientinnen – unabhängig von ihrem konkreten Bedarf – in der Regel mit dem Hilfssystem in Kontakt. Hilfesuchende mit viel Eigeninitiative profitieren von der Kommstruktur dieser z.T. partizipativ ausgerichteten Angeboten. Die Kompetenz und die Initiative, Bedarfe zu äußern, Unterstützung anzunehmen und Veränderungen zu planen, sind somit relevant für die Bedarfserhebung, die Klassifizierung in entsprechende Hilfeformen und die Leistungsgewährung. Dies gilt insbesondere in den für die Hilfen leitenden gesetzlichen Bestimmungen der leistungsberechtigten Personenkreise.

Hard-to-reach-Klientel scheitert bereits hier an zahlreichen Hürden (Graßhoff in diesem Band; Sprenger 2012): Sie können Bedarfe kaum äußern, entziehen sich dem Versorgungssystem und machen wenige oder kaum kategorisierbare Angaben. Prekär wird die Situation dort, wo es Menschen aufgrund von Störungen und negativen Erfahrungen mit dem Versorgungssystem nicht gelingt, sich professionell Tätigen zu öffnen und ihren Unterstützungsbedarf sichtbar zu machen. Dazu gehören vor allem auch jene, die bereits in ihrer Kindheit negative oder traumatische Erfahrungen gemacht haben (vgl. Gahleitner in diesem Band). Bei wiederholten Enttäuschungen oder sogar Zwangsmaßnahmen durch das professionelle Unterstützungssystem kommt es nicht selten zu einer Bewältigungsdynamik des Rückzugs – aus Angst vor weiteren Verletzungen (Böhnisch 2016).

Nach Borde (2010) entsteht so ein Bild eines abgewandten und »aufgrund eines angenommenen Misstrauens gegenüber dominanten Institutionen unerreichbaren Menschen« (S. 251), der die Arbeit für professionell Tätige erschwert. Genauso gut kann jedoch gefragt werden, inwieweit es Betroffenen in komplexen Lebenslagen möglich wird, die Nützlichkeit bestehender Angebote für sich und ihre Lebenssituation zu erkennen (Wright 2010). Zu den Kernaufgaben Sozialer Arbeit gehört daher, die »Einlagerung personaler Prozesse in die jeweiligen Lebenswelten ihrer Subjekte« (Hanses 2005, S. 190) herauszuarbeiten. Die Möglichkeiten der Klienten und Klientinnen, sich des Hilfebedarfs bewusst zu sein und entsprechend Unterstützungsmöglichkeiten in Anspruch zu nehmen, spielen dabei eine ebenso große Rolle wie die begrenzten Rahmenbedingungen der Angebote (z. B. zeitliche, personelle und räumliche Kapazitäten).

Alternativen bieten, aber wie?

Im Gegensatz zu Menschen, die im Beratungsprozess eine klare Zielvorstellung äußern, lösen Hard-to-reach-Klienten und -Klientinnen bei ihrem Gegenüber Unsicherheit aus bezüglich dessen, was genau zu tun ist (Ortmann 2010, S. 154). Ausdruck findet dies einerseits in einer unklaren Artikulation von oft unrealistischen Arbeitsaufträgen, Unstimmigkeiten zwischen den Zielen der Beratenden und Betroffenen, aber auch im jeweiligen Handlungsdruck, der angesichts existenzieller Nöte sichtbar wird. Hinzu kommt u. a., dass Termine nicht wahrgenommen oder besprochene Handlungsziele nicht umgesetzt werden können. Insbesondere Menschen, die Unterstützung radikal ablehnen, scheinen unerreichbar für die von intrinsischer Motivation und spezifischen Reglementierungen charakterisierten Angebote. Was also ist zu tun?

Vier Dinge sind vor allem erforderlich:

- Verstehen,
- Vertrauen schaffen,
- Bindungs- und Beziehungserfahrungen ermöglichen und
- Einbettung fördern.

Verstehen Zunächst geht es darum, sich die Besonderheiten und Bewältigungsdynamiken von Hard-to-reach-Klientel zu vergegenwärtigen und das Geschehen aus der fachlichen wie auch aus der Perspektive der Klienten und -Klientinnen zu verstehen. Diagnostisches Vorgehen hatte in der Sozialen Arbeit jedoch lange Zeit einen schlechten Ruf. Die im Nationalsozialismus begründete Sorge, im diagnostischen Prozess Mitmenschen zu diskriminieren und zu stigmatisieren, führte zu einer umfassenden Abkehr von diagnostischem Repertoire (MÜLLER 2013). Diagnostik im sozialen Bereich erfordert daher eine besondere Haltung, die die Schnittstelle zwischen psychischen, sozialen, physischen und alltagssituativen Dimensionen ausleuchtet. Dabei geht es immer um ein interdisziplinäres und mehrdimensionales Vorgehen.

HEINER (2013) hat für dieses Vorgehen die Begrifflichkeit »diagnostisches Fallverstehen« (S. 18) geprägt (siehe ausführlich zum Vorgehen GAHLEITNER et al. 2018), das mit einem dialogischen Vorgehen den Selbstdeutungsmustern, dem Selbstverstehen und den Selbstaneignungsprozessen im diagnostischen Prozess viel Platz einräumt und rekonstruktives Verstehen ermöglicht. Besonders angesichts des Misstrauens der Klienten und Klientinnen und deren erlebter Beziehungsenttäuschungen, die häufig mit Macht- und Ohnmachtserfahrungen einhergingen, kommt diesem Aspekt eine große Bedeutung zu. Wann und wie schnell in der Kontaktaufnahme ein echtes diagnostisches Vorgehen möglich ist, sollte behutsam eingeschätzt werden, in jedem Falle aber hilft die zugrunde liegende verstehende Grundhaltung in der Annäherung an Hard-to-reach-Klientel, um notwendiges Vertrauen aufzubauen.

Vertrauen schaffen Für Menschen, die Beziehungsverletzungen erlebt haben, aufgrund einer Störung in ihrer Wahrnehmung beeinträchtigt sind und Professionellen aufgrund negativer Erfahrungen wie Machtmissbrauch und Zwangsmaßnahmen misstrauen, bedarf es einer spezifischen und behutsamen Herangehensweise. Zunächst muss überhaupt erst wieder Vertrauen geschaffen werden (BECKER-LENZ 2018). Doch was ist überhaupt Vertrauen?

Vertrauen – als ein »Charakteristikum menschlichen Lebens [...] reduziert die Vielzahl potenziell denkbarer Handlungsausgänge bzw. -alternativen auf einige wenige; dadurch wird das Individuum bzw. ein soziales System überhaupt erst handlungsfähig« (SCHWEER & THIES 2008, S. 136). Ohne Vertrauen ist ein Leben kaum möglich. Fachkräfte müssen angesichts des berechtigten Misstrauens in »Vorleistung« gehen und vorab »Vertrauen schenken« (LUHMANN 1973, S. 45 f.; SCHÄFTER 2010).

Wie z. B. im sozialpsychiatrischen Bereich verloren gegangenes Vertrauen neu gesät werden kann, betrachtet eine bereits als klassisch anzusehende Studie von

Flick (1989). Er resümiert: »Die – teilweise – Reduktion der institutionellen Machtbasis gegenüber der Klientel [...] stellt sich für den Berater auf der Ebene des Kontaktes mit dem individuellen Klienten regelmässig [sic] als situations- und personenbezogene Aufgabe.« (S. 482) Flick (1989) entfaltet in seiner Studie ein spezifisches Verständnis für diese Eingangssituation: Die »Vorleistung des Klienten ist [...] darin zu sehen, daß er in diesem Kontext überhaupt etwas sagt, sich auf ein Gespräch einläßt und seine Probleme expliziert« (S. 480). Eine Darlegung der zugrunde liegenden Relevanzsysteme des professionellen Felds gegenüber der Klientel ist daher erforderlich, um überhaupt eine Chance auf gegenseitigen Kontakt zu ermöglichen (ebd., S. 480).

Bindungs- und Beziehungserfahrungen ermöglichen Flick (1989) führt aus, wie dies geschehen kann: »Der Berater muß dem Klienten möglichst viele Informationen über sich, die Situation, die Institution, das weitere Vorgehen etc. zur Verfügung stellen, will er das Vertrauen des Klienten gewinnen« (S. 53), eben mit Transparenz in Vorleistung gehen. Daraus schließt Flick (1989) für die Beziehungsführung, dass »solche Beziehungen zu einem nicht zu unterschätzenden Anteil nicht nur Rollenbeziehungen, sondern auch Beziehungen zwischen konkreten Personen sind und daß darin entstehendes Vertrauen zum bestimmten Teil auch persönliches Vertrauen beinhaltet« (S. 53). Diese Herangehensweise bedarf »einer spezifischen Fähigkeit des Sehens, Spürens und Aufnehmens psychischer und physischer Bedürfnisse der Unterstützten und der Fähigkeit zur Herstellung hinreichenden Kontaktes«, so Brückner (2018, S. 66). Diesem Anspruch im Arbeitsalltag gerecht zu werden, ist eine Herausforderung, aber zugleich die notwendige Grundlage der Zusammenarbeit. Hierfür bedarf es u. a. einer hohen Ambiguitätstoleranz der Fachkräfte sowie der Bereitschaft, eigene Erfahrungen und Lebensvorstellungen zu reflektieren und zugunsten der personenzentrierten Herangehensweise zurückzustellen (vgl. Ortmann 2010).

Bindungsforschende, die sich in den letzten Jahren – zunehmend praxisnah – damit befassten, Interventionskonzepte auf der Grundlage der Bindungstheorie zu untersuchen und die daraus resultierenden Ergebnisse für die Hilfepraxis zugänglich zu machen, haben für die Fragestellung professioneller Beziehungsgestaltung in diesem und weiteren Feldern der Sozialen Arbeit ohne Zweifel eine entscheidende Lücke geschlossen. Die Erfahrung, dass Muster gelingender Interaktion in jeder professionellen Hilfeleistung – nicht nur in der frühen Kindheit – eine wichtige Grundlage für Hilfeprozesse darstellen, lässt sich auf dieser Basis besser systematisieren und in der Praxis umsetzen (vgl. Bowlby 1973; Übersicht in Gahleitner 2017). Aufgabe der Fachkraft